ダンゼン得する

知りたいことがパッとわかる

経費になる領収書ならない領収書がよくわかる本

税理士
村田栄樹

ソーテック社

本書の内容には、正確を期するよう万全の努力を払いましたが、記述内容に誤り、誤植などがありましても、その責任は負いかねますのでご了承ください。

本書の内容は、特に明記した場合をのぞき、2021年11月1日現在の法令に基づいています。

Cover Design...Yoshiko Shimizu (smz')

はじめに

経費の本質を知る簡単な方法　～ある小説家の悲劇～

「そこにハワイを出せないか？」

「無茶いうなよ。北海道が舞台だぜ。ハワイなんか、何の関係もない」

これは、東野圭吾さんの小説「超税金対策殺人事件」に登場するセリフですが、「経費」の本質をよく表しているセリフなのです。

「超税金対策殺人事件」を読んだことのないあなたに、ちょっとだけあらすじを。

ある小説家のもとに、顧問税理士から1通の封書が届きます。

そこには、来年納めることになる莫大な税金予測が書いてあるのです。

ビックリした小説家はすぐに顧問税理士を呼び出して、税金の相談がはじまります。

家中にある領収書をかき集めて何とか経費にしようとするのですが、かき集めた領収書は、ハワイ旅行や婦人用のコート、カラオケの機器、風呂場の改装費、自動車修理代などなど、小説の内容にまったく関係のないものばかり。

「このままでは小説（事業）と関係がないので経費にできない」ということで、使えないはずの領収書を小説の中に無理やり登場させ、必要経費にしようと小説を書き直すのです。

で、気になる小説家はどうなったのか？

見事に経費に入れ込んで、莫大な税金を支払わずにすんだのです。バンザ～イ！

「めでたし、めでたし」

と終わるはずだったのですが、無理やりいろいろなものを入れ込んだ小説は、当然ストーリーもめちゃくちゃ、打ち切りとなってしまいます。さらには、後日税務署から呼び出しを食らい、結局経費として認められず……と、散々な結末を迎えたのでした。

この「超税金対策殺人事件」は経費の本質を突いている、とても面白い小説です。この小説を読むことで、経費の本質を簡単に知ることができます。

まあ、これは小説ですから笑い話ですみますが、実際に同じようなことをやって、同じような結末になって、笑えない人が世の中にはたくさんいるのです。

「そこにハワイを出せないか？」

あなたも、これと同じようなことをやっていませんか？

本来経費にならないものを無理やり経費に入れ込んで、税金を払わずにすんだ。

そのときはそれでよかったかもしれませんが、あとで、ブーメランのように返ってきます。しかも倍になって。

本書を手に取ってくださったあなたには、この小説家のようにはなってほしくありません。せっかく苦労して書いた小説が売れたのに、ひとつの間違いで作家人生が終わってしまっても小説家本人は自業自得かもしれませんが、その小説を楽しみに待っていたファンがかわいそうですよね。

あなたが個人事業主でも会社を経営していても、会社の経理を担当していても、サラリーマンでもＯＬでも、苦労して今があることと思います。応援してくれるお客さまもたくさんいることでしょう。それが、たったひとつの間違いで終わってしまったら、あなたも、あなたのご家族も、ファンであるお客さまも、みんな不幸になってしまいます。

では、この小説家のようにならないためにはどうすればいいのでしょうか？

それは、**「正しい知識を身につける」**ということに尽きます。

この小説家は、「**小説（事業）と関係のないものは経費にできない**」という正しい考え方を持っていたまではよかったのですが、「**それが経費として認められるかどうか？**」という知識まではなかったようです。

脱税思考のある人は別ですが、正しい考え方を持っているのに、知識がなかったために不幸になってしまう、そんな人を私は増やしたくないのです。私が税理士として「**経費にこだわる理由**」がここにあります。

本書に登場するものは、私が税理士として実際に現場で見てきた数知れない事例です。

机上の空論ではなく、実践で役立つものを心掛けて書きました。税理士人生をかけた渾身の1冊といえるでしょう。きっとあなたのお役に立つはずです。

「**たかが経費、されど経費**」

意外と奥の深い経費の世界をぜひお楽しみください。

村田栄樹

本書を読む前に

「この領収書、経費になりますか?」いつの時代にも、経営者やサラリーマンの最大の関心事です。本書では、具体例をもとにして、「コレって経費になるの?」をお話ししていきます。

ここで前提条件を確認しておきます。

まず、**「コレって経費になるの?」**という質問の意味についてです。

私がお客さまからこの質問を受けるときは、ほとんどの場合が**「この経費は税務上認められますか?」**という意味です。おそらく、本書を手に取ってくれたあなたも、その具体的な事例が知りたいポイントだと思います。

もうひとつ、人を雇っている人には、**「コレって給与になるのか、ならないのか?」**という意味でも使われる質問です。

「給与」はもちろん経費ですが、「給与」として経費になることを望んでいない人がほとんどです。「給与」になると、源泉徴収が必要になる(所得税を差し引いて支給する)のが大きな理由です。源泉徴収は給与支払者の義務です。給与支払時に従業員から所得税分を預かり、それを従業員に代わって税務署に納税しなければなりません。納税が1日でも遅れた場合、今の時代には信じられない高利（7・3〜14・6％）の延滞税がかかることもあります。たとえば「福利厚生費」だと思っていたものが、実は「給与」だった場合、「給与の源泉徴収漏れ」「その延滞税」など、税金の問題が発生することになります。また、従業員も手取りが減るので嫌がります。単純に経費になるならないだけでなく、「給与」になるかならないかも大切なポイントなのです。

第1章では「経費と資産の違い」など、経費に関わる基本的なことを、第2章で「**税務上認められる＝税務署に文句を言われない**」ということを基準に「経費の事例」をお話ししています。あなたのルールやあなたの会社の社内規程に照らして経費になるかならないか？　といった観点では書いていません。あくまでも正しい基準で書いています。もちろん、私の経験値から「**ちゃんと経費にできる考え方をしっかり解説**」しているので、目から鱗と感じてもらえるはずです。

また、特に記載がないかぎり、中小企業（資本金1億円以下）と個人事業主を前提に書いています。上場しているような大企業には適用できない個所もあるので、その点も注意してください。

法人 **マーク：法人（株式会社や有限会社、合同会社など）に関するテーマ**
個人 **マーク：個人事業主に関するテーマ**
※それぞれのマークがブルーなら該当、グレーの場合には該当しない。

この **法人** **個人** マークはひとつの目安です。法人の人が個人のところを読んでも、個人の人が法人のところを読んでも得るものがあるはずなので、ぜひ両方読んでみてください。

最後に本書を読み進めるにあたっての「言葉の定義」です。

会社 **法人組織や個人組織を含めた、事業を運営する母体**

個人事業主 **個人で事業を営んでいる人**

役員 **代表取締役や取締役など、法人の従業員以外の経営者側の人**

従業員 **法人または個人事業主に雇用されて働いている人**

特に **役員** などは、税務上の「みなし役員」など、いろいろと複雑な考え方がありますが、最初から難しく考えてしまうとわかるものもわからなくなってしまうので、とりあえずは右記の定義で読み進めてください。

目次

第2章 コレって経費になるの？

❸ 福利厚生費

❹ 旅費交通費

⑥ 人件費

⑦ 教育研修費

❽ 消耗品費

❾ その他

⑩ 事業主関連

第1章

経費ってナニ?

01
「お金を支払う」には2種類ある

1 経費って何だろう?

「昨日の接待に使った飲み屋の領収書は、経費で落ちるよね?」

「このビジネスをやるには経費がかかるなぁ～」

「経費精算って面倒だよね……」

オフィスで仕事をしていると、こんな会話が耳に入ってきます。普段何気なく使っている「**経費**」という言葉、この経費っていったい何なのでしょうか?

「え、そんなの簡単、支払ったお金のことでしょ!」

そうです、「**経費は支払ったお金**」のことですよね。

では、「皿」を買ったとしたらどうですか?

「車」を買うのにも、当然お金を支払っていますよね。でも、この場合のお金って、右の会話に出てくる「経費」とはちょっと違うのが、何となくわかりますか？

そうなんです。経費は「支払ったお金」でいいのですが、実は「支払ったお金」には2種類あるのです。

2 「シサン」と「ヒヨウ」

「お金を支払う」には2種類あって、それが「**資産**」と「**費用**」です。

「**資産**」は、みなさんが何となくイメージする「**財産**」に近いものです。ということは、「車」を買った場合はこの「資産」になるということですね。

対して「**費用**」が、右の会話に出てきた「**経費**」のことです。「接待で使った飲み代」「タクシーに乗った」「電気代を支払った」というのは「経費」になります。

資産＝財産
費用＝経費

では、「資産」と「費用」って、いったい何が違うのでしょうか？「**どちらも〝支払ったお金〟**」という点では変わりませんよね。ちょっと難しいのですが、次のように考えてみてください。

3 会社の財産が変わらないものが「資産」

お金が減る代わりに、別のモノが手に入るのが「資産」

「資産」は「目に見えるモノ」だから、紙幣や硬貨などの「お金」自体も「資産」です。「建物」や「車」「机」「椅子」「パソコン」などなど、「**目に見えるモノはすべて資産**」になります。つまり、「**お金がモノに変わった場合が資産**」なのです。

お金を支払って建物を買った ⇓ 「お金」が「建物」に変わった
お金を支払って車を買った ⇓ 「お金」が「車」に変わった
お金を支払ってパソコンを買った ⇓ 「お金」が「パソコン」に変わった

お気づきですか？「**〝資産〟の名前が〝お金〟から〝モノ〟に変わっただけ**」で、資産の総額は変わっていませんよね。つまり、「〝**お金**〟**という**〝**資産**〟**が**〝**建物**〟**という**〝**資産**〟**に変わっただけ**」で、結局「資産」のままなのです。

> **資産＝「お金」が減る代わりに、別の「モノ」が手に入る**

お金が減るだけで、別のモノが手に入らないのが「費用」

「資産」に対して、「費用」は「お金」だけが減ります。

たとえば、「給与」はお金を支払いますが、その代わりに別の「モノ」は手に入りませんよね。たしかに「働いてもらった」からお金を支払うのですが、それは「目に見えるモノ」ではありません。「タクシー代」もそうです。「タクシーで移動した」からお金を支払うのですが、その代わりに「目に見えるモノ」が手に入りません。このように、「〝**目に見えるモノ**〟**が手に入らず、**〝**お金**〟**だけが減るのが**〝**費用**〟」となり、これが「**一般的に使われる**〝**経費**〟」のことになります。

> **費用＝「お金」が減るだけで、別の「モノ」が手に入らない＝経費**

4 切手は目に見えるから「経費」じゃなくて「資産」になるの？

目に見えるモノを買った場合は「資産」、目に見えないモノを買った場合は「経費」、なるほどそう分ければいいのね。

でも、ちょっと待った！

「切手」を買った場合、「資産」というよりは「経費」って感じがするなぁ。「切手」は「目に見えるモノ」だけど、これも資産なの？　こんな疑問を持った人もいるのではないでしょうか？

おっしゃるとおり、切手は「目に見えるモノ」ですよね。先ほどの考え方でいけば、「資産」になるはずですが、多くの会社では「経費」にしています。実は、これは便宜上そうしているだけなのです。本来は、「目に見えるモノ」なので「資産」なのですが、「**金額的にそれほど多額でないこと**」「**毎年買うものであること**」などの理由から、「**経費**」にすることが認められているのです。

このように、「**〝本当は資産なんだけど経費にしてもいいよ〟ということが意外とある**」んですね。細かい点は、いろいろな事例でお話ししますので、第2章をお楽しみに！

では、「経費」になるとどんないいことがあるのでしょうか？　次節で確認してみましょう。

☑ 経費ってナニ？

◉「お金を支払う」には、「資産」と「費用」の2つがある
◉「資産」は「目に見えるモノ」を買った、つまり「お金」が「モノ」に変わった場合
◉「費用」は「目に見えるモノ」が手に入らず、「お金」だけが減る⇓これが「経費」
◉切手のように、本来「資産」だけど「経費」にできるものもある

02 「経費」になると、いいことがあるの？

1 どうして「経費」になったほうがいいの？

「お金を支払う」ことに、２種類あることはわかりました。でも、「資産」になるか「経費」になるか、コレってそんなに重要なんでしょうか？

「資産」は目に見えるモノで、ある意味、会社の財産です。となると、「資産」になったほうが会社にとってはいいことのような感じがしますよね。でも**「〝税金〟を考えるうえでは〝経費〟になったほうがいい」**んです。これは「税金」の計算方法を考えると、よくわかります。

2 「税金」は儲けに対して課税されるもの

商売を続けていくうえで、切っても切れないのが「税金」です。**「税金は、会社にとってはコ**

ストのひとつ」です。そうなると、なるべく安く抑えたいというのが、やっぱり心情ですよね。毎年いろいろな節税対策が出ては、潰されていきます。納税者と税務署の戦いは、永遠に終わらない戦いなのかもしれません。

そんな「税金」は、基本的には次の算式で計算された「利益」、つまり「儲け」に対して課税されることになります。

売上 ー 経費 ＝ 利益

「税金」のことを考えれば、「経費」が増えたほうがいいことがわかると思います。「経費」が増えれば、その分「利益」が小さくなります。「利益」が小さくなるということは、支払う「税金」が少なくなるということですよね。「資産」になるか「経費」になるか、この違いは「税金」に大きく影響してくるので、とても重要なことなのです。

3 経費にするために重要なこと

「お金」が減る代わりに「目に見えるモノ」が手に入らないのが「経費」でした。ところが、これだけでは「経費」になりません。経費にするためには、もうひとつとても重要なことがあります。それが、「売上収入との対応関係」です。もう一度、前頁の算式を見てください。

算式の「売上」と「経費」は対応していることが必要なんですね。対応というのは「**売上をあげるために、経費を使っている**」ということです。「**直接的であれ間接的であれ、売上をあげるために使っていなければ〝経費〟にはならない**」のです。

たとえば、店舗兼住居や事務所兼住居ってありますよね。この場合の電気代は、店舗や事務所部分は、売上をあげるために必要なものとして経費になりますが、住居部分は売上に関係ないので経費にはできないということなのです。

「**経費にするためには、売上収入との対応関係が必要**」だということを、よく覚えておいてくださいね。

☑「経費」にすることのメリット

- 「税金」は、「売上 − 経費」で計算される「利益」に対して課税される
- 「経費」にすることで、「利益」が減るので、その分「税金」が安くなる
- 「経費」にするためには、売上をあげるために使ったという対応関係が必要

03 「資産」も売上をあげるために使っているのでは？

1 「資産」が「経費」になる？

「**売上をあげるために使ったものが経費**」になる。

そう考えると、「建物」や「車」「パソコン」といった「資産」も、売上をあげるために使っているのでは？　そう思ったあなた！　鋭いです。

「目に見えるモノ」として「資産」になった「建物」や「車」「パソコン」なんかも、当然、売上をあげるために使っていますよね。これらは「経費」にはならないのでしょうか？

答えは、「**経費になる**」です。

「え〜、どういうこと？　だったら、資産と経費に分ける意味がないんじゃないの？」

そう思うのもよくわかります。でも分けなければならないのです。

2 何年も使える＝資産

では、なぜ分けなければならないのでしょうか？　それは、**「何年も使えるから」**なんですね。

たとえば、店舗としての「建物」を買ったとしましょう。この「店舗」は、買ったときだけでなく何年も使えますよね。ここで思い出してください。

「売上をあげるために使ったものが経費になる」

「店舗」は、売上をあげるために使っていますよね。つまり**「店舗があるかぎり、売上収入との対応関係はずっと続いていく」**ことになるのです。

では具体的にどうするのかというと、**「〝建物〟をいったん〝モノ〟として〝資産〟にします。そして、そこから今年の売上をあげるために使った分だけを〝今年の経費〟にしていく」**という考え方で、毎年少しずつ按分して「経費」にしていくのです。これを**「減価償却」**といいます。

⚠ 毎年少しずつしか経費にできないけど、資産も経費

「資産」も「経費」になりますが、**「1度に全額経費にするというのはダメ」**なんですね。**「毎年少しずつ、売上をあげるために使った分を経費にしていく」**ので、「節税効果」という意味で

は小さくなってしまうのです。

3 何年使えるのか？ コレだけは誰にもわからない

では、売上をあげるために何年間使えるのか？ コレって買ったときは誰にもわかりません。結果論ですよね。「建物」であれば、おそらく何年間かは使えるはずです。それでも確実ではありません。考えたくありませんが、もしかしたら天災や火事などで1年後には使えなくなっているかもしれません。となると、何年使えるかは誰にもわからないので、どのくらい使えるのか法律で目安が決まっています。この年数を「**耐用年数**」と呼んで、国税庁のホームページなどから簡単に知ることができます。「国税庁 耐用年数表」などのキーワードで検索すると出てきます。

☑ 資産が経費になるポイント

- 「売上をあげるために使ったものが経費」だから、建物などの資産も経費になる
- ただし、建物などは何年も使えるので、1度に全額経費にはできない
- 毎年使った分をちょっとずつ経費にする。その手続きを「減価償却」と呼ぶ
- 何年使えるかは誰にもわからないので、法律で使える年数の目安が決まっている

04 「経費」にするためには、領収書が必要？

1 「領収書をください」って必ず言うけど、やっぱり必要なの？

接待の飲み代を支払ったり、仕事に必要なものを買ったときは、「**必ず領収書をもらえっ！**」って言われている人も多いのではないでしょうか？　領収書は、「実際に支払った」ことの証明になるので、税務署に対する客観的な証拠として有効です。領収書がないと、ホントに経費として支払ったのか疑われてしまいます。疑われないためにも、「**領収書はあったほうがいい**」のです。

2 何が書いてあれば「領収書」？

では、領収書と名がつくものであればどんなものでもいいのでしょうか？　実は記載要件があるのです。必要事項は左頁のとおりです。

領収書に書いていないといけない必要事項

宛名

「正式名称で、正しく記載してある」ことを確認。個人事業主の場合は、屋号でも個人名でもかまわない（個人名の場合はフルネーム）。また、よくある「上様」でも認められるが、できるかぎり正式名称で書いてもらう

日付

「正しい領収日が記載されている」ことを確認する。日付は、和暦・西暦、どちらでも大丈夫

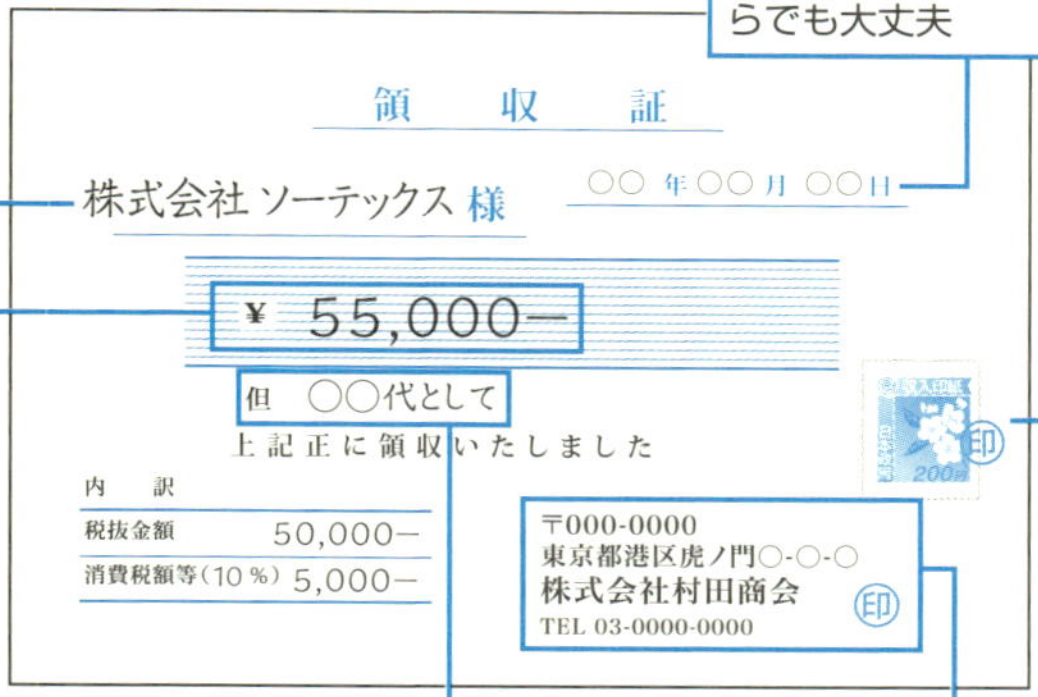

金額

正しい金額が記載されているか確認する。金額の頭に「**¥**」マークまたは「**金**」の記載、金額の後ろには「**ー**」や「**也**」の記載があることを確認する（これは金額の改ざんを防ぐため）

発行者

誰が発行したものなのか、発行者の正式名称・住所が正しく記載されていることを確認する。また、**「発行者の印鑑が押してある」**ことも確認する

但し書き

何の支払いに対する領収書なのかを記載するのが「但し書き」。「お品代」とか「飲食代」などが、よくある但し書き。しかしこれだとちょっとわかりにくいので、領収書の裏に**「何を買ったのか」「誰と何のための飲食なのか」**目的を書いておくと、なおいい

印紙

金額が５万円以上のものは、収入印紙を貼付する必要がある。この５万円については、消費税の金額が領収書でわかる場合は、税抜金額で判定する。貼付した印紙には、割印が押してあることも確認する。

もし、もらった領収書に印紙が貼付されていなくても、領収書としての効果はある。ちなみに、**「印紙を貼付する義務があるのは発行者側」**で、受け取った側に義務はない

3 領収書をもらい忘れたら、やっぱりダメなの？

ついうっかりして、領収書をもらい忘れた！　そんなこともあると思います。領収書がなければ、どうしても経費として認められないのでしょうか？　実はそんなことはありません。「**領収書はあったほうがいいのですが、必須ではない**」のです。領収書をもらい忘れた場合や、もらったけどなくしてしまった場合は、領収書に代わるもので支払った事実を残しておきましょう。「**領収書に代わるものとしては〝出金伝票〟**」があります。「出金伝票」は、100円ショップなどで販売しているものでも**Excel**などでつくったものでもかまいません。また、もらい忘れではなく、ご祝儀や香典など、そもそも領収書をもらいづらいときもありますよね。そういった場合も、「出金伝票」を活用するようにしましょう。

4 領収書の字が薄くなってきたら、自分で上書きしてもいい？

感熱紙の領収書などをもらった場合によくあることですが、時の経過とともに、徐々に字が薄くなってしまうことがあります。このまま放っておいたら消えてしまう……、そうなる前に上からなぞっておこう！　そう考えるのは、ある意味健全なのですが、これはやってはいけません。

出金伝票に書いていないといけない必要事項

日付
正しい支払日を記載する。日付は、和暦・西暦どちらでもかまわない

支払先
正式名称を正しく記載する。正式名称がわからない場合は、その支払先の通称などを記載し、どこに対する支払いなのかをわかるようにしておく

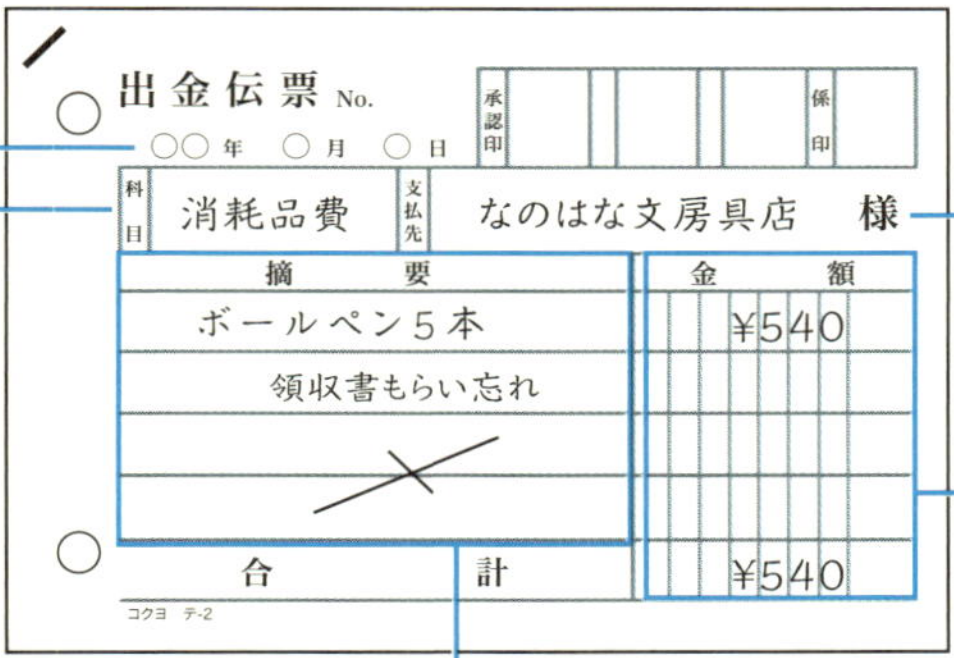

科目
経費の種類を記載する。消耗品費や通信費、旅費交通費など、会社で使っている種類の中から、適当な種類を選択する

金額
金額の頭には、「¥」マークをつける。出金伝票には、だいたい位ごとに線が入っているので、最後の「−」や「也」は必要ない

摘要
何の支払いに対する出金伝票なのかを記載する。具体的に買ったものなど、わかりやすく記載しておく。なお、領収書のもらい忘れや紛失などであればその旨記載し、余白の行は〆印などで消しておく

「領収書の表面は絶対に自分で手を加えない」ほうが無難です。領収書に手を加えると、税務署の調査が入った場合など、「本当は違う金額なのでは？」と、あらぬ疑いをかけられる可能性もあるからです。**「字が薄くなってきた場合などは、見えるうちに出金伝票に書き写す」**などして、別の形で残しておきましょう。その際、感熱紙の領収書は捨てずに、出金伝票にホチキス留めなどして消えてしまったことを証明できるようにしておきましょう。

5 白紙の領収書をもらいました（ニヤリ）

たまに、宛名とか但し書きを聞かれずに、そのまま白紙の領収書を渡されることがあります。

このときに、「やった～」と思ってはいけません！

「好きな数字を書ける ⇓ 経費を増やせる ⇓ 税金が安くなる」

こんな発想で、自分で書いてしまったら、それは**「脱税」**になります。

たとえ正しい数字を書いていたとしても、筆跡が自分のものであれば、当然税務署も疑ってかかってきます。**「白紙の領収書を渡された場合には、そのまま受け取らずに、先方に書いてもらう」**ようにしましょう。

6 「レシート」は領収書の代わりにならない？

領収書、領収書というけれど、レシートじゃダメなの？

「支払ったことの証明」であれば、レシートでもこと足りるのでは？　そう思うのもよくわかります。最近のレシートは、情報がしっかりしているものが多いですよね。先の領収書の記載要件のうち、「日付」「金額」「支払内容」「発行者情報」などは、記載されているレシートが増えてきました。

また「**領収書よりも、レシートのほうが内容がよくわかる**」場合もありますよね。こんな場合は、レシートでも代用できると考えて差し支えありません。「**同じレシートはレシートでも、金額（入金額とおつり）しか書いていないような、簡易的なレシートでは代用できない**」ので、レシートの中身を確認して、代用できるかどうかを判断してください。レシートで代用した場合の欠点は、宛名が記載されていないという点です。極端な話、拾ったレシートでも使おうと思えば使えてしまうのです。そこで、「**少額なものはレシート、高額なものは宛名をきちんと書いてもらった領収書といったルールを決めておく**」ようにしましょう。

7 ネットで買った商品の「注文確認メール」は領収書の代わりにならない？

最近はネットで買い物をすることに抵抗がなくなり、ほとんどの会社では、何かしらネットで購入しているのではないでしょうか。ネットで購入した場合、届いた商品に領収書が同封されていることもあれば、同封されていないこともありますよね。もし同封されていなかった場合にはどうすればいいのでしょうか？　この場合は、「注文確認メール」を見てみましょう。「注文確認メール」の内容が、先ほどの「**領収書の記載要件と同等の内容であれば〝注文確認メール〟で代用**」しても差し支えありません。

8 「納品書」「受領書」は領収書の代わりにならない？

納品書や受領書などが、購入した商品に同封されている場合があります。これも一応買ったことの証明なので、領収書の代用ができるのでは？　そう思いがちですが、実はこれができません。「**〝納品書〟〝受領書〟は、先ほどの領収書の記載要件と同等の内容が書かれていないので、代用できない場合が多い**」のです。納品書や受領書の内容を確認して、領収書の記載要件と同等の内容でなければ、領収書を発行してもらうか、出金伝票を作成するなどしておきましょう。

9 クレジットカードや振込明細書はどうなる?

クレジットカードで支払ったものについては、毎月送付されてくる「**〝カード利用明細書〟で領収書の代用**」をしても差し支えありません。最近は利用明細書が紙で送付されず、ネットで閲覧するだけのところもあるので、毎月のカード利用明細書をプリントアウトして保存しておいてください。また、「**銀行振込の場合には、〝振込明細書〟で代用可能**」です。請求書に振込明細書をホチキス留めするなどして、何の支払いで振り込んだのかをわかるようにしておきましょう。

☑ 領収書のポイント

- 領収書の記載要件を確認し、有効な領収書をもらうようにする
- 領収書はあったほうがいいが必須ではない。なくした場合は「出金伝票」などで代用可
- 領収書には手を加えない。あらぬ疑いをかけられる可能性もある。白紙の領収書は論外
- レシートやネット注文確認メールでも代用可。ただし、領収書と同等の内容が必要
- 納品書・受領書は、基本的に代用不可。領収書と同等の内容の記載があるかを確認
- クレジットカードの利用明細書、銀行振込明細書は代用可

05 領収書って、ずっと保存しておかないといけないの？

1 領収書はどうやって保存するの？

「これどうしましょうか？」

そういって、ダンボール箱いっぱいの領収書を持ってきた人が、過去に何人いたことか……。

「領収書の整理は、〝お礼とお詫び〟と同じぐらい早めにやったほうがいい」ものです。溜めてしまうと、本当にやる気がなくなります。では、どうやって整理すればいいのでしょうか？　これこそ人それぞれですが、一般的にはＡ４コピー用紙などに、日付順に貼っていきます（左頁参照）。領収書やレシートを貼るときは、なるべく**「新しいコピー用紙」**を使ってください。「失敗したコピー用紙」のウラに貼る人や会社もありますが、税務署の調査があった場合、この領収書を見るので、「新しいコピー用紙」に貼って整理しておきましょう。

☑ 領収書の整理のしかた

A4の新しいコピー用紙に日付順に、重ならないように貼る

税務署の調査では、その「失敗したコピー用紙」も見られることになります。

この本を読んでいるみなさんは、悪いことはしていないと思いますが、その「失敗したコピー用紙」から、何かの指摘事項につながることもゼロではありません。そもそもが「失敗したコピー用紙」なので、書いてある内容が間違っていることもありますよね。その間違っている内容から疑われたら、たまったものではありません。もったいないのですが、「新しいコピー用紙」に貼ることをお勧めします。

この「**領収書やレシートなどを貼った用紙を紐でとじたり、ファイリングして保存**」していきます。

2 いつまで保存すればいいの？

整理した領収書は、1年でも結構なボリュームになります。これが、年数が積み重なっていくと「どこに置いておけばいいんだぁ〜」という状態になります。できれば過去の分は処分してしまいたい……、そんな気持ちになってきます。

では、領収書はいつまで保存すればいいのでしょうか。これについては、法律で決まっているので覚えてしまいましょう（左頁下表参照）。

法律による違い、法人、個人事業による違いなどがあり、ちょっとややこしいですよね。簡単に考えるならば、「**法人は10年、個人事業は7年**」保存しておけば間違いありません。

ここで注意しなくてはいけないのが、年数の数え方です。法律によって起算日が違います。実務では税法が重要なので、税法で考えてみましょう。

法人の場合（令和4年3月決算の領収書）

保存期間の起算日は、決算日の翌日から2カ月後となります。令和4年3月決算であれば、令和4年6月1日から7年間、または10年間ということになります。

例 **保存期間7年の場合：令和4年6月1日〜令和11年5月31日**

領収書の保存期間

❶ 会社法 （株式会社や合同会社など、会社が守るべき法律）	10年
❷ 法人税法 （株式会社など法人に対する税金に関する法律）	原則7年。ただし、赤字の事業年度については10年（平成30年4月1日前開始事業年度は9年）
❸ 所得税法 （個人事業主に対する税金に関する法律）	青色申告：7年 白色申告：5年

☑ 個人事業の場合（令和3年分の領収書）

保存期間の起算日は、確定申告書の提出期限の翌日からとなります。令和3年分であれば、令和4年3月16日から7年間、あるいは5年間となります。

例 保存期間5年の場合：令和4年3月16日〜令和9年3月15日

単純に年数を数えればいいというわけではないので、気をつけましょう。

また、「**税務署の調査は一般的には過去3年分です。過去3年分の領収書はすぐ出せるように、年度末になったら保管場所を入れ替えるなどして、普段からわかりやすくしておく**」ようにしましょう。

3 スキャンして保存するのも可能なの？

最長で10年分保存するとなると、ちょっと倉庫のスペースが……、なんてこともありますよね。

でも、原則は「**〝紙ベース〟で保存しなければならない**」のです。

「今では便利な小型のスキャナもあるのに、スキャンしたものではダメなの？」

実は、「スキャナ保存」もできることはできるのですが、想像以上にハードルが高く、あまり現実的ではありません。興味のある人は国税庁のＨＰにある「電子帳簿保存法におけるスキャナ保存の要件」（https://www.nta.go.jp/law/joho-zeikaishaku/sonota/jirei/pdf/0021005-038.pdf）を確認してみてください。

☑領収書保存のポイント

- 新しいコピー用紙などに、日付順に、重ならないように貼る
- 領収書を貼ったコピー用紙などを、紐とじやファイリングをして保存する
- 保存期間は、「法人と個人事業」「青色申告と白色申告」「黒字と赤字」などで違うので注意する
- 保存期間は、法人10年、個人事業7年で考えれば、まず間違いない
- 保存期間の起算日は、法人と個人事業で違うので注意
- スキャナ保存もできるが、適用要件が厳しく、コストもかかる
- 令和４年1月1日以降は、電子データで受け取った領収書等は、電子データでの保存が義務化され、書面での保存は認められない（改正電子帳簿保存法）

06 経費を制する者が、利益を制す

1 コントロールできるのは経費だけ。売上はコントロールできるものではない

「売上 − 経費 ＝ 利益」

会社は、この利益（儲け）があるからこそ、存続していくことができるのです。

「がんばっている従業員に給与を支払える」
「税金を支払うことで、社会に還元できる」
「いい商品やサービスのために未来投資できる」
「応援してくれる株主に配当金を支払える」
「銀行からの資金調達がしやすくなる」

これらは儲かっているからこそできることです。まさに「**利益は〝幸せの源泉〟**」なのです。

でも、「利益」は税金の対象でもありますよね。「利益」が大きければ、当然支払う「税金」も大きくなります。**「税金は会社にとってはコストのひとつであり、資金繰りにも大きく影響するもの」**です。「税金で倒産」なんて笑えない話も現実にあります。

算式をもう一度確認してみましょう。

「利益」は、「売上」と「経費」の2つの要素から成り立っていますよね。

「〝売上〟は買ってくれるお客さまの存在があってこそ」です。こちらがいくら「売りたい！」と思っても、買ってくれるお客さまがいなければ売上はあがりません。つまりこちらでコントロールできるものではありません。

それに対して、**「〝経費〟は支払うこちら側にある意味主導権がある」**のです。買うも買わないも、こちらである程度コントロールできます。また、経費にするしないの判断もある程度コントロールできるということです。

利益は「幸せの源泉」であるとともに、税金の対象でもあります。利益を維持しつつも、同時に、適正な納税額にするための節税も考えなくてはなりません。コントロールできる経費をうまく使うことが、経営にとってはとても大切なことなのです。**「経費を制する者が、利益を制す」「経費をどう使うかが、会社の命運を左右する」**といっても過言ではないのです。

2 正しい知識を持つ者が、経費を制す

「経費を制する者が、利益を制す」

実は、これには大前提があるのです。それが、**「正しい知識を持つ者が、経費を制す」**です。間違った知識では、「はじめに」に出てきた小説家のように、あとから大変な目にあってしまいます。**「〝経費〟にするためには、ただ単純にお金を支払うだけではダメで、必ず〝根拠〟が必要」**なのです。第2章では、具体例をもとに、経費になるか、ならないかをお話ししていきます。ページにかぎりがあるので、すべての事例を取り上げることはできませんが、**「大事なのは〝考え方〟です」**。**「あなたが判断に迷っているケースとは必ずしも合致しないかもしれませんが、考え方は使えるはず」**です。

大切なのは、「何となく経費になるかな」とか「経費で落とせばいいか」ではなく、**「根拠を持って経費にすること」**なのです。

「正しい知識を持つ者が、経費を制す」そして**「経費を制する者が、利益を制す」**。

この本を読み終えたあなたは、会社にとって欠かせない存在になっているはずです。

さあ、第2章へ！　早速ページをめくりましょう！

第2章

コレって経費になるの？

会議費 ①

「お酒を飲みながらの会議なんて認められない」のウソ

「明日の午後、会議やるぞ」

そのひと言のウラには、実はたくさんの経費が隠れています。

どんな経費が隠れているのか？　ちょっと考えてみましょう。

「会議の場所代」「資料のコピー代」「お弁当代」「お茶代」「お茶菓子代」などなど、会社やあなたの会議スタイルによって違いこそあれ、いろいろ出てきます。

「会議」という言葉から連想されるこれらの費用は、「会議費」として経費にすることができます。

「会議」の呼び方を変えるだけでも連想されるものは変わってきます。

たとえば、「会議」を「打ちあわせ」「商談」「取材」に変えてみます。そうそう「取材」に置き換えたら、まず「旅費交通費」が連想されますね。そうなんです。単に「会議費」といってもいろいろな「会議」があることを意識しておいてください。

ただ、形は違えど、ある事柄について、社内の者同士、あるいは社外の人と話しあいをするという点では同じです。そして、話しあいをする以上は、何かしらの結論を出さなければいけないという点も同じです。

みなさん、ここでもう一度考えてみてください。

会議室に閉じこもってずーっと話しあいをしていたら、いつかは求めていた結論が出そうですか？

おそらく疲れ切って出ないと思います。ちなみに「会議費の定義」は次のようになります。

> ただ話しあうための費用ではなく、有意義な話しあいをして、求めていた結論を出すための費用

そう考えたら、会議の席での少しぐらいの「アルコール」が認められたり、「会議室」から場所を変えて「高級料亭」などでの会議もあり得るということがおわかりいただけるのではないでしょうか。

「アルコール」や「高級料亭」が絡んでくると、「接待交際費」との違いが難しくなってきますが、こうなったら「会議費」、こうなったら「接待交際費」と、ちゃんとそれぞれ考え方があるので、ぜひ「接待交際費」（62頁参照）と見比べながら読んでみてください。

法人　個人

会議費

01

仕事の合間に、ひとりカフェでお茶をしました

1 ひとりでお茶をするのは経費にならない？

ひとりでカフェに入ることはよくあります。

「休憩」という意味あいもありますが、仕事の打ちあわせの下準備やまとめ、アイデアの整理をしていたのですが、コレって経費になるのでしょうか？

! 会議費になるポイントは人数ではない

ひとりでも仕事をしていれば「**会議費**」として経費にすることができます。

「会議費」と考えると、「複数でなければならない」と考えがちですが、「**会議費は1人でも成立**」します。ただし、仕事であるのかないのかは、領収書やレシートを見ただけでは当然わかりませ

会議費
接待交際費
福利厚生費
旅費交通費
広告宣伝費

ん。領収書やレシートの裏に、「**〝誰が、何をした〟のかを書いておく**」ようにしましょう。

例 村田　株式会社A社訪問前のまとめ

また、コーヒーだけでなく、ケーキひとつぐらいであれば経費としても問題ないでしょう。

2 もし仕事をしていなくて休憩をしていたら?

仕事の合間であれば、「**福利厚生費**」として経費にすることができます。ただし、特定の人だけでなく、従業員全員が精算できることが必要です。特定の人だけ精算できるとなると、その人の「**給与**」の一部とみなされ、源泉徴収の対象となる場合も考えられます。また、個人事業主本人に対するものは「福利厚生費」として認められないので注意してください。個人事業主の分は、経費にならず「個人負担」となります。

「**役員ひとりだけで経営している法人や、個人事業主ひとりだけで事業を営んでいる場合には、もともと〝福利厚生費〟という概念そのものがない**」ので、経費として認められません。

ひとりで営んでいる会社を、以下「ひとり会社」と定義します。

3 朝、出勤前にカフェに寄って仕事をしているのは?

これは判断が難しいところですが、経費としては認められないと考えたほうがいいでしょう。朝、出勤前にカフェに寄って仕事をしている人も少なくないと思いますが、これを認めてしまったら、各人の朝食も経費として認めなければならなくなってしまいます。仕事の関係上、朝早い時間に集合して移動する必要がある場合など、やむを得ない事情があるときは別として、通常の出勤前のカフェは経費ではなく、各人負担としましょう。

☑ ひとり会議でも経費になる

- 領収書の裏には、「誰が」「何をした」を書いておく
- 1人ではなく、複数人いた場合には、人数と名前を書いておく

会議費

接待交際費

福利厚生費

旅費交通費

広告宣伝費

法人 個人

会議費 02

仕事の合間に、ひとりファミレスで食事をしました

1 ひとりファミレスで食事をするのは経費にならない？

ひとりカフェでお茶をするのと同じく、ひとりでファミレスに入ることもよくあります。食事をしながら仕事をしているのですが、コレも経費になるのでしょうか？

仕事をしている、していないにかかわらず、食事はとるもの

毎日毎日忙しくて、食事をしながら仕事をしている人はたくさんいると思います。

仕事をしながら食事をしているわけですから、有無をいわさず経費にしたいところですが、仕事をするしないにかかわらず、食事は誰でもとるものですから、個人的な支出ということになります。個人的な支出ですから、「**ひとりファミレスは経費として認められません**」。仮に会社が負

担した場合には「**給与**」となり、源泉徴収の対象となるので、注意が必要です。

会社が食費の一部を補助する形なら経費になる

「でも、仕事をしているんだし、何とか一部だけでも経費にならないかな」というあなたに朗報があります。「**役員・従業員が食事の半額以上を負担して、かつ、会社の負担額が月額3500円以下であれば、〝給与〟とならずに〝福利厚生費〟**」として経費にすることができるのです。たとえば、食事券という形で7000円を支給する方法があります。そのうち半分は役員・従業員の負担となるので、残り半分の3500円を会社の経費にすることができます。食事券は「金券ショップで換金できないもの」などいくつか条件がつきますが、食事代の一部を経費にすることができます。なお、この規程は個人事業主本人の食事には、残念ながら適用できません。

2 もし、複数人で打ちあわせをしていたら？

仕事の打ちあわせで、ファミレスを使うこともあります。打ちあわせをしながら食事をとることもありますが、この場合は「**会議費**」として経費にすることができます。

あくまで打ちあわせがメインであり、食事は打ちあわせをスムーズに運ぶためのひとつの手段となるからです。この場合、レシートであれば人数が記載されていることが多いのですが、領収書には人数の記載がありません。領収書やレシートの裏に、「**〝誰が、何をした〟のかに加え、〝人数〟を書いておく**」ようにしましょう。

3 もし、カフェとしての利用だったら？

庶民の強い味方「ドリンクバー」を利用するために、ファミレスに入ることがあります。打ちあわせの下準備をしたりアイデアをまとめたりと、カフェ的に利用する場合には、ひとりカフェと同様に「**会議費**」として経費にすることができます。

ファミレスのレシート（領収書）だからといって、必ずしも経費にならないわけではありません。この場合も、「**〝誰が、何をした〟を書いておく**」ようにしましょう。

☑ 食事は原則として「個人負担」

- **基本的に1人で食事をしても経費にならない。会社が負担した場合には「給与」となる**
- **自身で半額以上負担し、残りを会社が補助する場合、会社負担が月額3500円以下なら、会社補助の分は経費になる**

法人
個人

会議費
03

取引先と少しだけ高額な会食をしました

1 高額な会議費は経費にならない？

取引先と「お互いの今後の仕事に関わること」や「企画提案」について、意見交換を兼ねて会食をすることがよくあります。
だいたい参加者4名で総額3万5000円程度と、少し高額になってしまいます。コレって経費になるのでしょうか？

！大切なのは実態で、金額の多寡ではない

ビジネスで抱える問題は、閉じられた会議室で話しあっていれば、必ず結論が出るというわけではありません。

会議費
接待交際費
福利厚生費
旅費交通費
広告宣伝費

場所を変え、食事やちょっとしたお酒が入ることで、話が円滑に進み、新しいアイデアや進むべき方向性が見えてくる場合があります。機密事項を話しあうわけですから、場所はどこでもいいというわけではなく、ある程度、費用が高額になってしまうこともあります。

今回は4人で3万5000円、1人あたり8750円ですが、会食のテーマは、「今後の事業についての意見交換」ですから、「**金額にかかわらず、〝会議費〟として経費**」にすることができます。

2 「接待交際費は、原則〝損金不算入〟」って何だ？

「会議費」になるのか？「接待交際費」になるのか？

これは、「**法人**」にとっては非常に大きな問題です。なぜなら、「**〝接待交際費〟は、原則〝損金不算入〟**」だからです。

「えっ、ソンキンフサンニュウ……、なんだソレ？」

そうですよね、いきなり「**損金不算入**」といわれても困りますよね。これは「法人の税金計算上」の話です。「損金」というのは、簡単にいうと「経費」のことで、それが「不算入」ということは、「**経費として認められない**」という意味になります。

法人の税金計算上の考え方

損金＝経費
不算入＝認められない

つまり、「**接待交際費は、原則、経費として認められない**」ということです。

「経費として認められない」とどうなるのか？

これは、お金だけ減って、節税効果が得られないということを意味しています。
税金は利益（もうけ）に対して課税されますが、その利益は次の算式で計算されます。

利益＝売上－経費

つまり「**〝経費〟として認められれば、その分〝利益〟が減って節税効果が得られます**」ですが、「経費」として認められないと、お金だけ出ていって「利益」は減りません。簡単にいうと「損」

なのです。どうせお金が出ていくなら、「経費」として認められるものを……というのが心情ですよね。

3 1人あたり5000円以下の飲食費は経費になる？

この「接待交際費」について、平成18年度税制改正で登場したのが5000円基準です。

「**1人あたり5000円以下の飲食費は、接待交際費から除外する**」というもので、「仕事関係の人たちと飲み食いしても、1人5000円以下なら全部会議費（経費）だ〜！」という解釈が広まり、何とか5000円以下にしようとする会社が増えたのです。みなさんも「**5000円以下で**」という話を聞いたことがあるのではないでしょうか？

しかし、これは間違った解釈です。「5000円基準」

☑ 接待交際費が経費として認められる範囲

法人区分	税金計算上経費になる金額
期末資本金１億円超の大企業（上場企業のイメージ）	「接待交際費」のうち、「飲食代」の額の50%を超える部分の金額が損金不算入。つまり「飲食代」の額の50%相当額が経費として認められる。なお「接待交際費」のうち、「飲食代」以外は経費として認められない
期末資本金１億円以下の中小企業（未上場企業のイメージ）	「接待交際費」のうち、年800万円を超える部分の金額が損金不算入。つまり、「飲食代」だけでなく「贈答品」などを含めた、すべての「接待交際費」のうち、800万円までが経費として認められる

※ 期末資本金が100億円超の企業は、支出する接待交際費の全額が、税金計算上は経費になりません。毎年税制改正が行われるので注意してください。

は、あくまで「接待交際費」の話であって、「会議費」の話ではありません。まずは実態が会議なのか、接待なのかです。実態が会議であれば、「会議費」として経費にすることが認められます。とはいっても、事実上1人あたり5000円以下であれば、「会議費」で経費にできるということになっています。

なお、原則「損金不算入」の接待交際費ですが、現在は一部経費にすることが認められています（前頁下表参照）。また、「**個人事業主は、〝接待交際費〟の全額を経費にすることができます**」。

4 会議と接待、両方兼ねている場合はどうする？

この場合には、5000円基準で考えて判断をしましょう。

☑ 金額よりも実態で判断

- ◉ 会食の内容は何なのか？　会議が目的であれば「会議費」として経費にできる
- ◉ 高額な会食の場合は、議事録・レポートなどを作成し、会議としての証拠を残す

接待交際費 ❷

同僚と飲みに行ったのが接待交際費になっちゃうの？

みなさんは接待をする側ですか？　される側ですか？

立場の違いで、接待に対するイメージはだいぶ違うのではないでしょうか。

接待をする側の先には「仕事につなげる」という思惑があり、接待をされる側の先には、果たして何が……。

そんな両者の思いが交錯する接待にかかる費用が、「接待交際費」です。

「接待交際費」というと、「飲み食い」や「ゴルフ」「贈答品」を連想すると思いますが、実はそれだけではありません。

なぜなら、「接待交際費の定義」は、次のようになっているからです。

> 取引先などをもてなすことで、取引先との関係強化を図り、販路拡大や、業務提携などを円滑に進めることを目的として支出する費用

こう考えてみると、お祝いごとがあったときの「ご祝儀」や、病気になってしまったときに「お見舞金」を支払うことで気持ちを表すことや、「旅行や観劇などに招待」したり「懇親パーティーの開催」などを通じて、同じ時間をすごすことも関係強化につながりますよね。取引先などとの関係を強化するための費用が「接待交際費」なのです。

さらに、定義をよ〜く読んでみると、「取引先など」となっていますよね。この「など」が曲者で、この「など」には、何と自社の従業員も含まれているのです！

「接待交際費」には「飲み食い」が含まれているので、「会議費」との区別、自社の従業員が含まれていれば「福利厚生費」との区別など、少しこんがらがってしまうかもしれないので、関連する項目もあわせて読んでみてください。

特に、法人については会議費（58頁参照）で触れた「損金不算入」があるので注意しましょう。取引先をもてなすことは売上をあげるための「必要経費」ですが、これをすべて認めると「税金を支払うぐらいなら、接待しよう！」となり、税収が減る可能性もあります。そこで、税金計算上は経費として認める金額に上限を設けているのですが、まずは「必要経費」になるか否かの判定が重要です。ここでしっかりと確認していきましょう。

接待交際費
01
法人
個人

高級料亭で取引先を接待しました

1 かかった費用のうち、5000円分を「会議費」というのは経費にならない？

高級料亭で取引先を接待することもたまにはあります。4人で行って16万円かかりました。1人あたり5000円までは会議費として、会議費2万円（5000円×4人）、接待交際費14万円（16万円－2万円）に分けて領収書をもらいました。コレって、経費になるのでしょうか？

❗ 1人あたり5000円以下が対象となる

「**接待交際費の5000円基準は、1人あたり5000円以下**」です。つまり、「**〃飲食代金÷参加人数〃の計算結果が5000円超の場合には、そもそも5000円基準の適用外**」となります。今回の場合は、1人あたり4万円計算となるので、16万円全額が「**接待交際費**」となります。

会議費
接待交際費
福利厚生費
旅費交通費
広告宣伝費

2 お土産代は経費にならない？

接待の際に、その飲食店で販売されている飲食物をお土産として取引先に渡す場合がありますが、この場合の「**お土産代も飲食代金の一部**」となります。お土産代も含めて1人あたりの金額を計算しましょう。ただし、「**接待した飲食店ではなく、他店から購入したものをお土産で渡す場合には、お土産代を単独で〝接待交際費〟にすることができる**」ので、お土産代を除いた飲食代だけで1人あたりの金額を計算するようにしましょう。

また、送迎のタクシー代を負担した場合にも単独で「接待交際費」となるので、1人あたりの金額計算に含める必要はありません。

3 高級料亭で福利厚生はダメ？

社内の新年会や忘年会、歓送迎会などを高級料亭で行う、そんなうらやましい会社もあります。料亭なんてなかなか個人では行けないですから、従業員も喜んでくれて、仕事のやる気にもつながります。「福利厚生費」で経費にしたいところですが、実はこれがちょっと難しいのです。

明確な基準がないから難しい

あまり金額が高額になると福利厚生の範囲を超えてしまうので、「**接待交際費**」となって、税金がかかってしまうことがあります（交際費課税の対象）。では、いくらだったらいいの？と答えがほしくなりますが、残念ながら明確な基準はありません。対策としては、高級料亭や高級レストランなどで社内行事を行うときは、参加者に一部負担してもらいましょう。たとえば「**3割負担**」してもらうようにします。3万円のコースを9000円で食べられると思えば、従業員にとってもお得ですよね。

1人あたり5000円基準で考える

- 1人あたり5000円を超えた場合には、その全額が「接待交際費」になる
- 高額な社内行事の場合は、代金の一部を個人負担するようにして、福利厚生費にする

接待交際費

02 社長宅でホームパーティーを開きました

法人
個人

1 会社じゃなくて、社長の自宅でやったら経費にならない？

社長の自宅に取引先を招待して、懇親パーティーを開きました。ケータリングを注文したのですが、当然、届け先が社長の自宅になっています。コレって経費になるのでしょうか？

！ 問題なのは場所ではなく、「誰」を招待したか？

場所が社長の自宅というだけで、個人的な支出と判断する必要はありません。問題なのは、社長の友人を招いて個人的なパーティーをしたのか、取引先を招いたあくまで仕事の一貫としてのパーティーなのか？　誰を招待したのかが問題となります。

「自宅であったとしても、**取引先を招いての懇親パーティーであれば〝接待交際費〟**」として経費になります。

とはいえ、税務調査では「社長の自宅」というだけで、経費ではなく個人的な支出ではないかと疑われるのは間違いありません。**「招待状や招待メールをきちんと保管」**し、当日の**「参加者リスト」**も残しておきましょう。当日の写真などもあれば、なおいいでしょう。

2 社長の自宅付近は疑われるものと思え！

「コレって、誰と食事したんですか？」税務調査の現場でよく交わされる会話のひとつですが、この会話のもとになるのが**「領収書やレシートの住所」**です。

社長の自宅近くの住所であろうものなら、「家族と行ったんじゃないのか？」と言わんばかりに攻め込まれます。自宅近くというだけで疑われてしまうのです。疑われるのは最初からわかっているので、**「誰と何をしに行ったのか」「会議なのか、接待なのか」**わかるようにしておき、資料や写真などを保管しておきましょう。

3 参加者から心づけをもらったら？

少し余談ですが、パーティーの参加者から**「心づけとしてお金をいただく」**ことがあります。

その際の会計処理のしかたは、次の2つの方法があります。

❶心づけを、かかった経費からマイナスする
❷「雑収入」などの名前で、収入として処理する

どちらも最終利益は変わりませんが、❶の方法がお勧めです。なぜなら、**「営業利益（本業の利益）がよくなる」**からです。

「当社は黒字だよ」と言ってみたところで、本業以外の収入（雑収入）が多くて黒字になっていたのでは、銀行や外部の人が決算書を見たときに、「本業で稼いでいる利益は大丈夫かな？」と疑問を持たれてしまうかもしれません。利益は出せばいいというものではないのです。

☑大切なのは場所ではなく中身

- 社長の自宅で開くホームパーティーでも、取引先を招待するなど仕事であれば経費になる
- 社長の自宅付近で使った領収書やレシートは、経費性を疑われると思って準備する

法人　個人

接待交際費 03　取引先に頼まれてキャバクラに行きました

1 取引先と行っても、キャバクラじゃあ経費にならない？

取引先から「キャバクラに連れて行ってくれ」と頼まれたら、どうしますか？　経費で落とせるのか、個人負担なのか悩んでしまいますよね。今後の取引のこともあるので、連れて行かないわけにもいきません。コレって経費になるのでしょうか？

キャバクラでも接待していれば「接待交際費」

「昨日は銀座のクラブで接待だったよ」と言われたら、あなたはどんなイメージが頭に浮かびますか？　高級なソファーに座り、和服姿の物静かな女性を交えて談笑しながら取引先をもてなしている……、多くの人はこんな風にイメージするのではないでしょうか。

では、「昨日は六本木のキャバクラで接待だったよ」と言われたらどうですか？　派手めの女の子とワイワイ騒ぎながら……、「それ、遊びだろっ！」とツッコミを入れたくなるイメージが頭に浮かんできませんか。コレって**「紛れもなく偏見なのですが、税務署も同じことを思っている」**のです。「キャバクラ」と「接待」というのは、結びつきづらいものですが、実態が接待であれば**「接待交際費」**として経費にすることができます。

2 キャバクラは「福利厚生費」でも行けるのか？

では、あるプロジェクトの打ちあげで、特定の役員と特定の従業員でキャバクラに行った場合、「福利厚生費」として経費になるのでしょうか？　これは難しいところですが、**「〝福利厚生費〟として経費にすることはできない」**と考えましょう。**「〝福利厚生費〟にするためには、役員・従業員全員が対象である」**こと、妥当な金額であることなど、一定の条件をクリアする必要があります。現実的には、**「打ちあげで特定の役員と特定の従業員で行ったキャバクラは〝接待交際費〟」**になってしまいます。

福利厚生以外には、**「接客を学ぶための〝研修費〟」**としてのキャバクラ利用などが考えられますが、その場合はレポートの作成が必須になります。

3 社長の奥さんは敵か、味方か？

社長の奥さんが会社の経理を担当している、そんな会社は多いと思います。事業をはじめたころは従業員を雇う余裕もなく、手伝ってくれる奥さんの力がとても頼りになります。そんながんばっている奥さんに「キャバクラの領収書」を経費精算に出したら、「私は一生懸命仕事しているのに！」と大ゲンカになることがあります。そんなバカなと思うかもしれませんが、奥さんが経理をやっている会社ではよくある話です。個人事業主だって奥さんが経理をやっている場合には同じです。もちろんキャバクラも仕事なのですが、奥さんの感情的には理解しづらいですよね。誤解されやすい領収書を出すときは気をつけて、奥さんにも気持ちよく働いてもらえる環境をつくることを意識しましょう。

☑ 誤解されやすいキャバクラ利用

- キャバクラでも接待であれば経費になる。誰と行ったのかわかるようにしておく
- 福利厚生としてのキャバクラは難しい。研修としての利用であればレポートが必須

法人
個人

接待交際費
04

取引先に頼まれて風俗に行きました

1 キャバクラが経費になっても、風俗は経費にならない？

取引先から「風俗に連れて行ってくれ」と頼まれました。「これは違うな……」と思いながらも、今後の取引のことを考えてつい負担してしまいました。一応領収書はもらったのですが、コレって経費になるのでしょうか？　ちなみに、領収書からは風俗店とはわかりません。

ひとつの基準は、取引先と「会話ができるのか」

「**キャバクラであれば取引先と会話をすることができる**」ので、「**もてなす**」ことができます。ところが、風俗店ではなかなかそうはいかないと思います。サービスを受けるのは取引先の人だけで、あなたは代金を負担するだけというのがほとんどだからです。「もてなす」というのとは、ちょっと違うと考えたほうがいいでしょう。また「**社会通念上も、経費として認めるのはいかなるものか**」という基準で判断すべきでしょう。

❗ 領収書からは風俗店とわからない

確かに領収書からは風俗店とはわからないかもしれませんが、税務調査で指摘されない保証はどこにもありません。仮に風俗店の領収書はその1枚だけだったとしても、そのたった1枚が税務調査で見つかれば、それ以外のすべてのものも疑われることになります。風俗代金を支払うなら、断腸の思いで「**個人負担**」としましょう。

2 風俗代金でも、経費にできる理由

風俗代金でも業種によっては経費にできる場合があります。たとえば、風俗雑誌のライターやマンガ家が取材目的で来店するのであれば、必要経費にすることができます。

そのほか、風俗をテーマにしたテレビ番組をつくる制作会社や、風俗をテーマにした小説を書く場合の小説家なども必要経費として考えることができますが、これらに共通していえるのは、「**制作費**」という意味での経費であり、「**〝接待交際費〟としての経費ではない**」ということです。

会議費
接待交際費
福利厚生費
旅費交通費
広告宣伝費

3 社会通念上認められるか否か、つまり一般的な感覚で判断する

誤解を恐れずにいえば、経費にしようと思えば、何でも経費にすることができます。

しかし、何でもかんでも経費として認めれば、会社のキャッシュフローはおかしくなり、従業員のモラルも低下していきます。「**一般的な感覚、考え方ができるかどうか、これが健全な経営には必要**」なのです。特に社長は経費の使い方には気をつけましょう。従業員は思っている以上に社長のことをよく見ています。社長がおかしな使い方をすれば、それに従業員も続いていきます。社長は会社の先頭に立って、経費の正しい使い方を考え、実行していく必要があるのです。

個人事業主としてひとりでやっている場合も同じです。それを許したあなたを、別のあなたが見ているのです。

☑ 経費は社会通念上許されるものにかぎる

- いくら接待だからといっても、風俗代金は経費にならない。一般的な感覚で判断する
- 風俗代金は制作費としての経費ならあり得る。どんな制作物につながったのかわかるようにする

接待交際費 05

法人 個人

当社主催のパーティーで取引先にお車代を渡しました

1 実際は何に使ったかわからないお金は経費にならない？

パーティーに来てくれた取引先に、お車代としていくらか包むことがあります。実際に交通費として使っているかはわかりませんが、コレって経費になるのでしょうか？

お車代は「接待交際費」になる

お車代は、**「相手が実際に何に使っているかわからないので〝接待交際費〟」**としての経費になります。領収書がもらえない場合には、「出金伝票」や「支払明細書」を作成し、支払いの証拠を残しておきましょう。また「旅費交通費」とは違い、消費税の取り扱いは「不課税」（消費税がかからない）となるので、会計処理を行う際には注意が必要です。

会議費
接待交際費
福利厚生費
旅費交通費
広告宣伝費

2 金額の多寡に気をつける

実費精算とそれほど変わらない金額であれば問題ありませんが、あまりに高すぎるお車代だと、受け取った相手側の税金に影響してくる場合があります。「**お車代は実費額を基準に**」考えます。社内規程をつくり、同一都道府県の人と他府県の人に分けて金額を決めておくといいでしょう。

また、お車代を渡すのではなく、実費精算をする場合には、こちらがチケットを手配するケースと、先方がチケットを手配（先方が立て替え）するケースの2つがありますが、どちらの場合も、領収書の原本を手に入れてください。こちらで手配する場合には問題ありませんが、先方が手配する場合には前もって知らせておき、「**確実に領収書をもらえるように**」しましょう。原本を手に入れる理由は、実費であるか否かの確認もありますが、こちらで経費にするのに、先方でも経費にされてしまっては困るからです。

3 報酬と一緒に支払う場合はどうなる？

講演会を開催し、講師の人に報酬と一緒にお車代を支払う場合は、「**お車代は報酬の一部になるので、〝支払報酬〟や〝支払手数料〟**」といった経費になります。

受け取る相手側が個人である場合には、※源泉徴収の対象となります。お車代も含めて源泉徴収の金額を計算しましょう。また、この場合のお車代は報酬の一部となるので、消費税の取り扱いは「課税」となります。

※源泉徴収とは？

「報酬を受け取る人が支払うべき〝税金〟を、報酬を支払った人が預かって代わりに納める制度を〝源泉徴収制度〟といいます」。報酬を支払う人は、税金分を引いた「残額」を報酬として渡し、「控除した税金」は報酬を受け取る人の代わりに税務署に納税することになります。

渡し方で変わる「お車代」

- **お車代は「旅費交通費」としては経費にならない。実費を基準に金額が多くなりすぎないように注意する**
- **お車代の領収書はもらえないことが多いので、出金伝票や支払明細書を残す**

講演料の源泉徴収

支払金額 Ⓐ	税　額
100万円以下	Ⓐ × 10.21%
100万円超	（Ⓐ − 100万円）× 20.42% ＋ 10万2,100円

なお、支払金額Ⓐについては、原則は消費税込みの金額ですが、請求書などで報酬と消費税の金額が明確に区分されている場合は、税抜きの金額にすることができます。税率などは税制改正が行われるので注意してください。

法人 個人

接待交際費 06

謝礼として商品券を渡しました

1 友人に謝礼を渡しても経費になる?

知人や友人から、新規の取引先を紹介してもらうことがあります。そんなとき、謝礼として商品券を渡したりしますが、コレって経費になるのでしょうか?

! 友人への謝礼だって、ちゃんとした理由があれば経費になる

たとえ相手が友人であったとしても、取引先を紹介してくれた事実があれば、もちろん経費にすることができます。この場合、友人から領収書はもらえないと思うので、「**支払明細書**」を残しておきましょう。「**謝礼を渡す理由**」(この例なら、新規取引先を紹介してくれた)は必ず書いておいてください。また、「**謝礼については〝接待交際費〟**」として経費になります。

2 「商品券」は間違いなく疑われる

商品券の購入は税務署に疑われる経費のひとつです。なぜかというと「**商品券の裏には〝脱税〟が見え隠れする**」からです。

脱税なんて聞くとどんなすごい手口かと思いますが、実はとても簡単です。まず商品券を購入して、商品券代を経費とします。購入した商品券をすぐに金券ショップでお金に換え、ほかの経費の支払いに充てます。そうすると、〝❶**商品券購入時**〟と〝❷**換金したお金で普通に経費を支払う**〟**ときの2回経費にできてしまう**」のです。経費を支払うのは普通のことなのですが、支払っているのが商品券を換金したお金というあぶく銭なので、換金手数料はあるにしても丸儲けです。

経費が増えればその分利益が減り、税金も減りますよね。

もっと簡単に、「換金したお金を懐に入れて私腹を肥やす」といったオーソドックスな手口も脱税になります。脱税を疑われないようにするためにも、「**支払明細書**」を残すことは必須です。

❗ 決算間際に商品券を購入する際は要注意

たとえば3月決算の会社で、3月に商品券を購入して、3月中に相手に渡していれば問題あり

会議費
接待交際費
福利厚生費
旅費交通費
広告宣伝費

ませんが、４月に入ってから渡した場合には、今期の経費とはならず、来期の経費となってしまいます。いわゆる「**期ズレ**」を指摘されてしまうので、購入した日だけでなく、商品券を渡した日がいつかも確認するようにしましょう。

☑脱税の手口はこうだ！（絶対にやっちゃダメ）

❶まず商品券を購入して、商品券代を経費にする ⇓ ここで1回目の経費
❷換金した現金を、ほかの経費の支払いに充てる ⇓ ここで2回目の経費
仮に商品券が10万円だとすると、おおよそ経費が倍の20万円に増える！
❸あるいはストレートに、換金した現金を懐に入れて私腹を肥やす

3 従業員に商品券を配っても経費になる？

「創立記念日に従業員に対して商品券を配りたい」そんな会社もあると思います。従業員の福利厚生の一環として商品券を配る、当然、「福利厚生費」として経費に……といきたいところですが、実は「**〝福利厚生費〟としては認められません**」。

なぜかというと、商品券は換金できるからです。換金できるということは、現金を渡したのと同じ、つまり従業員の「**給与**」として扱われることになってしまいます。

商品券ではなく記念品だったら経費になる

「**記念品は〝福利厚生費〟**」として経費になりますが、無条件ではありません。次の2つの要件を満たす必要があります。

❶ 記念品として社会通念上ふさわしいもので1万円以下であるもの
❷ おおむね5年以上の期間ごとに支給するものであること

疑われやすい商品券

- **商品券は脱税にも使われる。誰に、いつ、何のために渡したのかを明確にしておく**
- **従業員に配った場合には給与として取り扱う。源泉徴収にも影響するので注意**

法人　個人

接待交際費 07

取引先訪問に際して手土産を買いました

1 手土産は「接待交際費」？ それとも「会議費」？

取引先との会議が長時間におよぶことがあります。疲労も溜まるので、途中の休憩用にケーキを買っていきました。コレって経費になるのでしょうか？

! 会議の合間に食べる場合はどうなる？

「手土産」という言葉のイメージから、何となく「接待交際費」と考えがちですが、その用途によって取り扱いは変わります。「**会議の合間に食べるような場合には、会議を円滑に運ぶために必要なものとなるので〝会議費〟**」として経費にすることができます。

ご挨拶に菓子折りを持って行った場合はどうなる？

これに対して、「よかったらコレみんなで食べてください」と言って、**「菓子折りを渡すような場合には〝接待交際費〟」**としての経費になります。単なる飲食物の詰めあわせを渡す行為は、いわゆるお中元・お歳暮と変わらないからです。

2 お弁当の差し入れは経費になる？（会議費03：60頁参照）

取引先がイベントを開催しているので、応援の意味も兼ねてお弁当を差し入れるといったことがあります。手土産と同じようなものなので、経費になることは間違いありませんが、この場合の「接待交際費」「会議費」の判定はどうなるのでしょうか？

答えは**「お弁当の差し入れは原則〝接待交際費〟」**です。ただし5000円基準の適用があるという点が手土産の取り扱いと違います。原則は「接待交際費」ですが、**「1人あたり5000円以下であれば〝会議費〟」**として経費にすることができます。

ちなみに、**「取引先との会議にお弁当を差し入れた場合には、純粋な会議用のお弁当となるため、〝会議費〟」**になります。

3 ノベルティグッズを持って行ったら経費になる？

手土産の代わりに、ボールペンやメモ帳といった自社のノベルティグッズを持って行く場合がありますが。この場合は、「**販売促進費**」や「**広告宣伝費**」として経費になります。

また「**不特定多数の人に配る割引券や無料券といった優待券を手土産の代わりにした場合も〝販売促進費〟や〝広告宣伝費〟**」として経費にすることができます。

ただし、「**株主や取引先など、特定の人にのみ配布する優待券については〝接待交際費〟**」として経費にすることになるので気をつけましょう。

☑ 手土産の目的を考える

- **会議で食べるケーキは「会議費」、取引先に渡す菓子折りは「接待交際費」になる**
- **弁当の差し入れは「接待交際費」、ただし1人あたり5000円以下で「会議費」になる**

法人　個人

接待交際費
08

取引先のお子さんが大学に入学したので、お祝い金を渡しました

1 取引先本人でなくても経費になる？

取引先のお子さんが大学に入学したりして、お祝い金を渡すことがあります。取引先のお子さんの入学祝いですから、慶弔見舞金としたいところです。コレって経費になるのでしょうか？

取引先の関係者なので「接待交際費」になる

取引先本人の祝いごとならまだしも、そのお子さんの入学祝いは経費になるのか？　という問題ですが、入学祝いは一般的に行われる慣習のひとつです。取引先本人に対するものではなく、そのお子さんの入学祝いであったとしても、事業に関係あるものとして「**接待交際費**」として経費にすることができます。

問題となるのは金額の妥当性です。その地域の相場を基準にして、高すぎないようにすることがポイントです。あまりに高すぎる金額の場合は、受け取る相手側の税金に影響してくるので注意が必要です。あらかじめ「**慶弔見舞金規程**」をつくっておいて、いくら渡すのかを決めておくようにしましょう。

2 これが自社の従業員だったらどうなるのか？

自社の従業員の子どもが小中高大学などに入学し、入学祝いを渡す場合には「**福利厚生費**」として経費になります。ただし、ここでも金額が問題となります。金額は、その地域の相場を基準として一般的な範囲内としましょう。「**高すぎる場合には〝給与〟として課税される**」可能性があります。

3 お祝い金だったら何でも経費になる？ 誕生日のお祝いも？

たとえば、誕生日に祝い金を渡したらどうなるのでしょうか？

現実的にはあまりないと思いますが、取引先の従業員の誕生日にお祝い金を渡すことがあるかもしれません。その場合には「**接待交際費**」として経費にすることができます。

では、自社の従業員の場合には経費にすることができるのでしょうか？

答えは、残念ながら従業員の「**給与**」となり、源泉徴収の対象となってしまいます。これは、「**誕生日にお祝い金を渡すことは一般的ではない**」からです。入学や結婚などは、人生でそう何回もあるものではありませんが、誕生日は毎年あります。毎年祝い金をもらえるのであれば、そんな会社にはぜひ入社してみたいものですが、あまり聞いたことがありません。それだけ一般的ではないということですね。

誕生日にケーキを買ってお祝いする場合は？

お祝い金に対して、お祝いの品であれば経費になります。たとえば、誕生日にホールケーキを買って、みんなでお祝いする。これはよくありますよね。取引先に対するものであれば「**接待交際費**」、自社の従業員に対するものであれば「**福利厚生費**」となります。

☑ 一般的なお祝い金は経費になる

- **取引先の家族に対するものであっても、一般的な金額であれば経費として認められる**
- **お祝い金も領収書がもらえないもののひとつ。「出金伝票」や「支払明細書」を残す**

会議費
接待交際費
福利厚生費
旅費交通費
広告宣伝費

福利厚生費 ③

「3時のおやつが、あなたの給与になってしまう!?」のホント

「位置について、よ〜いドン！」

一時期衰退した「社内運動会」が、最近復活してきているそうです。場所を押さえたり、プログラムを組んだりと、社内運動会を仕切る会社まであるというのですから驚きです。最初はイヤイヤ参加だった従業員たちも、だんだん夢中になり、終わるころには大盛り上がりになるそうです。

この「社内運動会」は、運動会をすることが目的ではありません。運動会を通して、従業員間のコミュニケーションを図ったり、あるいは、日ごろの運動不足を見直すきっかけをつくったりすることが目的です。この目的を達成するために支出する費用を「福利厚生費」といいます。

「社内運動会」以外にも、「社員旅行」や「レクリエーション」「健康診断」「慶弔見舞金」などが「福利厚生費」に該当します。

「福利厚生費の定義」は次のようになります。

従業員たちが健康でいきいきと仕事ができるようにするための費用

では、従業員たちが、健康で、いきいきと仕事ができるという目的を達成すれば、どんなものでも「福利厚生費」として認められるのでしょうか？

たとえば、３時のおやつって好きなものを何でも食べていいの？　社員旅行で世界一周って認められるの？　豪華な社宅って認められるの？「まかない食」って無料でもいいの？

これらは、やり方によっては認められるものもあれば、そもそも認められないものもあります。

「事業は人なり」

経営の神様である松下幸之助さんの言葉ですが、従業員が健康でいきいきと働ける職場であれば、いい仕事もできるようになります。

「福利厚生費」の使い方次第で、会社が変わるかもしれませんね。ぜひ、従業員の笑顔、会社がよくなる姿を想像しながら読んでみてください。

法人　個人

福利厚生費 01

3時のおやつにお菓子を買いました

1 おやつに買ったお茶菓子は経費にならない？

3時のおやつにお菓子を出しています。お客さまからいただいたお菓子や従業員のお土産を食べることもありますが、たいていは自分たちで、コンビニなどでお菓子を買ってきています。コレって経費になるのでしょうか？

! 自分で好きなものを選択できるか、できないのか？

休憩スペースがあって、そこにお菓子や飲み物が置いてあって、休憩時間には誰でも自由に食べられるようになっているのであれば、「**福利厚生費**」として経費になります。

しかし、「私は、とらやの和菓子じゃないとイヤ！」と言って、自分だけ「とらやの和菓子」

会議費　接待交際費　福利厚生費　旅費交通費　広告宣伝費

を買ってきて食べた場合には、「福利厚生費」にはなりません。この場合はその従業員の「**給与**」として源泉徴収の対象になります。「**従業員が一律で、そこにあるものを食べるということが〝福利厚生費〟となる条件**」です。

2 どうしても好きなものを食べたい場合にはどうする？

みなさん、「オフィスグリコ」ってご存知ですか？

会社内に、グリコのお菓子が入っている「リフレッシュ・ボックス」を置いて、従業員は自分の食べたいお菓子を１００円入れて買うというものです。これであれば、自分の好きなお菓子を食べることができます。つまり、「**好きなものを食べるには、従業員の〝自己負担〟が必要**」ということですね。

3 それでも、どうしても、福利厚生費で好きなものを食べたい

前記「２」の場合は、確かに好きなお菓子が食べられるのですが、経費にはなりません。従業員のリフレッシュのためにも、３時のおやつ休憩は重要です。従業員の自己負担なしで、好きなお菓子を食べる方法はないものか……、そんなワガママなあなた！　こんな方法なら大丈夫です。

それは、「**従業員持ち回りで、好きなお菓子を買ってくる**」というものです。「**従業員全員参加で、同じ予算であれば、〝従業員一律〟という福利厚生の要件を満たす**」ことになります。従業員が持ち回りで好きなお菓子を買ってくることで、好きなお菓子も食べられるし、従業員同士の会話も増えると思いませんか？「おいしい！」「マズイ〜（これは言いづらいですが）」なんて会話だけでも、意外とコミュニケーションは取れるものです。また決められた予算内で選ぶのもセンスが問われるので、従業員が世の中の流れにアンテナを張るようにもなります。どうせなら「おいしい！」って言われたいですからね。

☑ 好きなものを食べられるかどうか

- **休憩室などに置いてあるものを誰でも自由に食べられれば「福利厚生費」**
- **自分だけ好きなものを食べる場合は「給与」または「自己負担」が原則**

法人　個人

福利厚生費

02 重要なコンペを勝ち取ったお祝いにちょっと贅沢な祝勝会をやりました

1 リムジン送迎つきの祝勝会は経費にならない?

会社にとってものすごく大きなコンペを勝ち取るなど、これまでがんばってくれた従業員の慰労のために打ち上げをした際、リムジン送迎もつけたら、コレって経費になるのでしょうか?

! 過度な祝勝会でも「福利厚生費」になる?

残念ながらこの場合、「福利厚生費」にはなりません。理由は次の2つです。

❶ 全員参加ではなく、特定の人のみ
❷ 豪華すぎる

❶は、プロジェクトに参加した人だけではなく、「〝福利厚生費〟にするためには〝全員参加〟が条件」です。❷は、やはりリムジン送迎となると、社会通念上、常識の範囲を超えていると考えるべきでしょう。今回のケースなら、「福利厚生費」はダメでも「接待交際費」としての経費になります。「ちょっと贅沢かなぁ」と感じたときは気をつけましょう。

2 コンペを勝ち取った従業員に旅行をプレゼントしたらどうなる？

会社にとって重要なコンペを勝ち取った従業員たちを社内で表彰し、海外旅行をプレゼントしたら、この海外旅行代は経費になるのでしょうか？

経費にしてあげたいところですが、この場合は「**受け取った従業員たちの給与**」となり、源泉徴収の対象となります。プレゼントや賞品という名目ではなく、優秀な従業員たちに研修や視察をさせるという目的であれば、「**研修費**」などの経費にすることができます。考え方を変えることで、従業員のモチベーションを上げながら、経費にすることが可能になります。

3 コンペを勝ち取った従業員に記念品をプレゼントしたらどうなる？

では記念品を渡したらどうなるのでしょうか。たとえば電子辞書とかデジタルカメラなど、それほど高くないけどもらったらうれしいものをプレゼントします。**「だいたい1万円ぐらいなら“福利厚生費”」**として経費にしても問題ありません。ちょっとしたものであっても、**「商品券やビール券など、換金できるものは“福利厚生費”にはならない」**ので注意が必要です。**「換金できるということは、現金を渡したのと同じこと」**なので、**「給与」**となり、源泉徴収が必要となります。

⚠ 従業員がカタログから自由に選べるプレゼントはどうなる？

落とし穴的に注意が必要なのは、従業員がほしいものを「カタログから自由に選ぶタイプ」の記念品です。**「自分で好きなものを選ぶので、お金を渡して買ったのと同じ」**となり**「給与」**となります。「え〜、そんなバカな」と思うかもしれませんが、決まっているのでしかたありません。カタログを使った記念品などは、知らず知らずのうちに、何の悪気もなく「福利厚生費」にしてしまっている場合もあるので、特に注意しましょう。

☑ 会社も従業員もメリットのある慰労を考える

- 豪華すぎる祝勝会は「福利厚生費」にならない。一般的な常識の範囲内のものにかぎる
- 賞品を渡す場合には気をつけないと「給与」課税される場合が多々ある

福利厚生費 03

法人　個人

「まかない」を出しています

1 無料のまかないは経費にならない？

飲食店だと従業員たちに「まかない」を出しているところはたくさんあります。福利厚生として「食事つき」をうたっているところもあります。まかないについて、特に従業員たちからお金はもらっていなくても、コレって経費になるのでしょうか？

自社でつくっている「まかない」なら大丈夫？

飲食店を経営している場合、従業員にまかないを出すことはよくあります。そのときに、「自社でつくっているのだから……」と、ついついお金をもらわずに支給してしまうこともあると思います。しかし、会議費02（54頁参照）でも触れたように、「食事はあくまで個人負担が原則」

です。「**無料でまかないを支給してしまった場合には、従業員の〝給与〟**」となり、源泉徴収の対象となります。

2 「まかない」を経費にするためにはどうしたらいいのか

従業員に対する食事を「福利厚生費」として経費にするためには、**会議費02**（55頁参照）でも触れたように次の2つを満たす必要があります。

> **❶ 従業員が食事の価額の半額以上を負担すること**
> **❷ 会社が負担した食事の価額が、月額3500円以下であること**

「**この2つを満たした場合には〝福利厚生費〟**」として経費にすることができます。ただし、個人事業主本人に対するもの、ひとり会社の場合には、食事は食事、個人的な支出になります。

3 この3500円って税込？ 税抜？

この基準になっている月額3500円について、消費税込みで考えるか消費税抜きで考えるかで、当然判定が変わってきます。では税込・税抜どちらになるのか？　答えは「**税抜**」です。つまり、消費税８％であれば３７８０円、消費税が10％であれば３８５０円までならＯＫということになります。

ちなみに、会社の会計処理方法とはまったく関係ありません。「**会社が税込経理を採用していようと、３５００円の判定は〝税抜〟**」となるので注意しましょう。

「つくった場合」と「買ってきた場合」とでは違う！

また、食事の価額は、自社でつくったものか、他社から購入してきたものかで変わります。自社でつくったものであれば、「**その食事の主食・副食・調味料などの材料費に相当する金額**」となり、他店から買ってきたものであれば、「**その食事の購入価額に相当する金額**」となります。

〝タダ〟では〝ダメ〟

- **まかないの無料支給は「給与」となる。経費にするには従業員の自己負担と会社の月額負担（３５００円）を満たす必要がある**
- **会社負担額３５００円は税抜で判定。食事の価額はつくった場合と買った場合で違う**

法人
個人

福利厚生費
04 残業したら食事代を出しています

1 残業したときの食事代は無料にしたら経費にならない？

繁忙期は残業が続くため、全額会社負担で弁当の配達を頼んでいます。この残業時の食事代は給与になってしまうのでしょうか？　それともコレって経費になるのでしょうか？

！ 残業時の食事の支給は「福利厚生費」になる

残業や宿日直した人に食事を支給するのは「**福利厚生費**」として経費になります。この場合、従業員の負担の有無は関係なく、「**全額会社負担でも〝給与〟になりません**」。通常の昼食などと違い、「**〝残業〟という業務上やむを得ない事情があるため**」です。

2 残業した人に食事そのものではなく、現金を渡したらどうなる？

では、食事そのものの支給ではなく、「**食事手当**」という形で現金を支給した場合はどうなるのでしょうか？　この場合は、確実に従業員の「**給与**」として源泉徴収が必要となります。

3 夜勤の人に、夜食を支給したらどうなる？

残業時の食事と似たようなものに、深夜勤務をした人に夜食を支給することがあります。この場合の取り扱いはどうなるのでしょうか？　まず「**深夜勤務をする人の定義**」を確認しましょう。深夜勤務をする人とは、正規の勤務時間の全部または一部が午後10時～翌日午前5時までの間となっている人をいいます。つまり、勤務時間が昼夜逆転している人です。まずは深夜勤務に該当するか否かを確認して、深夜勤務に該当したら、次は夜食の支給のしかたです。

⚠ 「夜食を現物で支給する」と「現金で支給する」の違い

たとえば弁当を用意するなどしたときは、**福利厚生費03**（96頁参照）と同じく、従業員自身が半額以上負担すること、会社負担が月額3500円以下であることを条件に、会社負担分が「**福**

利厚生費」として経費になります。残業時の食事代のように、無条件で「福利厚生費」にならないので注意が必要です。では、現物ではなく現金で渡した場合にはどうなるのでしょうか？　この場合は次の４つを満たした場合にかぎり、「**福利厚生費**」として経費にすることができます。

❶ 夜食を現物で支給することが著しく困難であること
❷ 通常の給与に加算して支給すること
❸ 勤務1回ごとに、定額の支給であること
❹ 1回の支給額が300円以下であること
※ちなみに、300円以下の判定については、消費税抜きで判定します。

☑ 経費になる食事もある

- **残業時の食事は、現物支給であれば「福利厚生費」、現金支給であれば「給与」になる**
- **深夜に支給する食事代は、深夜勤務する人に該当するかを確認し、現物・現金支給の違いにも注意する**

福利厚生費

05

法人 個人

疲労回復のためにマッサージへ、健康増進のためにスポーツクラブへ行きました

1 マッサージは経費にならない？

1日中立ちっ放しで、肩こりや腰痛などが職業病ともいえる仕事があります。月に1回、会社負担でマッサージ（保険適用外）に行ってもらっている場合、コレって経費になるのでしょうか？

職業病を緩和するためであること、特定の人だけではないこと

「マッサージ」と聞くと、何となく経費にならないんじゃないかと思いがちですが、そんなことはありません。美容師のように、肩こりや腰痛など、職業病ともいえる症状がある場合、これを緩和するためのマッサージは「**福利厚生費**」として経費になります。ただし、「**特定の人だけでなく、従業員全員が利用できることが条件**」となります。

会議費
接待交際費
福利厚生費
旅費交通費
広告宣伝費

2 健康増進のためにスポーツクラブを利用した場合は？

経営者からすると、従業員にはできるだけ長く勤めてほしいものです。従業員が健康で、しっかりと仕事をしてくれれば、その分経営が安定するからです。すぐに従業員が辞めてしまうようでは経営が安定しません。経営を安定させるためであれば、従業員の健康増進のためのスポーツクラブの利用は経費と考えることができます。ただし、ここでも条件があります。まず「**会員資格は法人会員（個人事業であれば屋号名で会員となる）であることが必要**」です。そのうえで「**従業員であれば誰でも利用できる**」ようにすること、この2つをクリアすれば「**福利厚生費**」として経費にすることができます。誰でも利用できる旨を記載した「**利用規程**」や、誰が利用したかがわかる「**利用実績表**」などを作成しておきましょう。

☑ 従業員の健康は重要な課題

- マッサージであっても、従業員全員が利用できるのであれば「福利厚生費」
- スポーツクラブは会社で会員になるのが原則。「規程」をつくって誰でも利用できるようにする

福利厚生費

06

法人　個人

雑誌の取材があるので美容院に行きました

1 取材を受けるので美容院に行ったのは経費にならない？

雑誌やメディアの取材を受けることがあった場合、写真や動画撮影があれば美容院に行ってきれいにセットしてもらいたくなります。コレって経費になるのでしょうか？

美容院に行く目的が、その人や会社のためになっていること

新聞や雑誌、テレビの取材が入ることは、その人や会社のブランディングにとって、とても大きな影響があります。その大きな影響がある媒体で、ボサボサの髪で出るわけにはいきませんよね。ある程度身なりを整えるのは必要なことです。ということで、この場合の美容院のカット代は経費になりますが、「福利厚生費」というより「広報」的な意味あいが強くなるので「**広告宣**

伝費」になります。

2 月に1回美容院に行くのは経費にならない？

今回は、新聞や雑誌、テレビの取材用ということなので経費になりますが、定期的に通っている美容院であれば、カットしたりカラーしたりすることも経営者としての身だしなみを考えてのことだと言い訳をしても、残念ながら経費にはなりません。原則「**個人負担**」となります。仮に会社が負担した場合には「**給与**」となり、源泉徴収の対象となります。

3 芸能人や文化人など、人前に出る仕事の場合はどうなる？

一般的な会社経営者や会社員、個人事業主であれば、取材を受けるなんて、そう何回もあることではありません。ですから、取材のための美容院代などは経費にしても問題ありません。

では、ある意味、人前に出るのが日常的である芸能人や文化人の場合はどうなるのでしょうか？人前に出るのが仕事ですから、常に身なりは気にしていないといけませんよね。たとえば美容院でのカットひとつとっても、たまにしか取材を受けない人であれば、その1回の美容院代が取材のためだと明確にわかりますが、常に人前に出る職業であれば、その美容院代が仕事用なのか、プライベート用なのかは明確にはわかりませんよね。「**エステやネイルサロンなども同様**」の理由になります。

さて、ではどう判断するか？　この答えは非常に難しいのですが、カット代やエステ代を全額経費にすることは難しいです。代金の一部を「**個人負担**」とするか「**給与**」として考えましょう。この場合の「一部」をどのくらいにすればいいかというと、あくまでも実態にあわせて判断しますが、「**半額以上**」の負担であれば税務署に否認されるリスクは少なくなります。

また、取り外しのできるネイルなど、仕事のときにしかつけないものであれば、全額経費としても問題ありません。

☑ 身なりを整えるのは原則「個人負担」

- 一般の会社経営者、個人事業主であれば、新聞や雑誌、テレビ取材のためなら経費となる
- 芸能人など、人前に出ることが日常の場合は、一部「個人負担」または「給与」とする

法人 個人

福利厚生費 07

ベビーシッター料金を負担しました

1 ベビーシッター料金は経費にならない？

女性が多く勤務する会社の場合、みんなにできるかぎり長く働いてもらいたいと考えたら、結婚・出産後のサポートを充実させる必要があります。特に出産後の現場復帰を促すのであれば、小さいお子さんがいる場合のサポートに力を入れるのが有効です。その1例として、ベビーシッターとの契約がありますが、コレって経費になるのでしょうか？

日本の未来に貢献する行為

世の中には優秀な女性がとても多いのですが、その実力を発揮できていないことが往々にしてあります。その発揮できないひとつの原因が「育児環境」です。待機児童の問題が叫ばれて久しいですが、なかなか解消されません。会社としても、ただ解消されるのを待ってはいられません。優秀な人材を確保するためには、会社が率先して動く必要があります。ベビーシッターはそのひとつであり、その「**料金を会社が負担することは、何の問題もない**」でしょう。

2 全額会社負担はNG。従業員の一部負担が必須

ベビーシッター料金の会社負担分を、「**福利厚生費**」として経費にすることは問題ありません。ただし、「**全額会社負担では経費として認められなくなる**」可能性が高くなります。「**料金の一部は従業員の個人負担**」としてください。また、ベビーシッターの契約は法人契約（個人事業であれば、屋号での契約）とし、その料金は「**会社が直接支払う**」ようにします。従業員が個人的に雇ったベビーシッターに対して従業員が料金を支払い、あとから精算するのでは経費にしにくくなります。あとは、「**従業員であれば、誰でも利用できる**」ことも条件となります。

働く環境を整えるものは経費になる

- **「女性が輝く社会をつくる」という国の方針に貢献する行為であり、経費となる**
- **ただし、一部を従業員が負担すること。会社契約で誰でも利用できることが条件**

法人 個人

福利厚生費
08

従業員用の社宅を借りました

1 会社が負担している社宅家賃は経費にならない？

従業員の社宅制度がありますが、自社で社宅物件を所有していないので、借上社宅制度を用意しています。なるべく安く提供してあげたいので、会社が支払っている家賃の3割を従業員の給与から天引きする形で徴収しています。コレって経費になるのでしょうか？

従業員に喜んでもらうために家賃はなるべく安く設定してあげたい

従業員の立場からすると、社宅の魅力は、やはり安い家賃で住めるということです。しかし、従業員に喜んでもらおうと、家賃を安く設定しすぎてしまうと、一部が「**給与**」として課税されてしまいます。くれぐれも従業員が負担する社宅家賃の設定には注意してください。では、従業員にいくら負担してもらえばいいのか？　この計算がちょっと面倒なんです。
次の3つの合計額が、従業員が負担する社宅家賃になります。

❶ その年度の建物の固定資産税の課税標準額×0.2％
❷ 12円×その建物の総床面積（㎡）÷3.3㎡
❸ その年度の敷地の固定資産税の課税標準額×0.22％

どうですか？　かなり面倒なので理解できなくてもしかたありません。ということで、もっと簡単な方法をお話しします。とても単純で、「**会社が支払う家賃の50％以上の金額を従業員に負担してもらう**」ようにします。こうすれば、「給与」として課税される心配はありません。簡単ですよね。たとえば、会社が家賃10万円の物件を契約したとします。この場合、従業員から受け取るべき家賃は5万円以上ということになります。3割の3万円しか受け取っていなければ、5万円－3万円＝2万円が、従業員の「**給与**」として課税されることになります。

ただし、自社物件の場合には面倒でも右記の❶〜❸の計算をしなければなりません

2 借上社宅と住宅手当との関係

「社宅は魅力だけど、自分の好きなところに住みたいなぁ」、そんな従業員のために**「住宅手当」**を支給する会社もあります。住宅手当は従業員の「給与」になるので注意が必要です。

また**「従業員個人が直接契約した物件については、社宅の対象となりません」**。50%以上を従業員が負担したとしても、会社が負担した差額家賃は、その従業員の**「給与」**となるので気をつけましょう。**「社宅にするためには〝契約者は会社〟である」**必要があります。

⚠ 借上社宅の無償貸与でも給与課税されないケース

看護師や守衛など、仕事の性質上、緊急対応する必要性があり、すぐに駆けつけなくてはならないなど、勤務場所の近くに住むことを求められるケースがこれに該当します。

☑ 適正家賃で経費になる

- **自社物件の場合は、109頁の❶＋❷＋❸の合計額を、従業員に負担してもらう**
- **賃貸物件の場合は、支払家賃の50%以上を、従業員に負担してもらう**

福利厚生費 09

法人 個人

40歳以上の従業員には人間ドックを受診してもらっています

1 一部の従業員に対する人間ドックは経費にならない？

従業員を雇ったら、年に1回、定期健康診断を受診してもらわなくてはなりません。40歳以上の従業員に対しては、通常の健康診断だけでなく、人間ドックを受診してもらうようにしています。健康診断は全従業員が対象なので問題ないと思うのですが、人間ドックは当然一部の従業員だけになります。コレって経費になるのでしょうか？

! 受診項目を年齢で分けるのは問題ない

一般的には、年を重ねるごとに病気のリスクは高まります。ある年齢に達したら、人間ドックのようなより精密な検査を受けるというのは、ある意味あたりまえのことです。「**受診項目を年**

齢で分けたからといって〝福利厚生費〟にならないということはありません」。

2 「福利厚生費」にするために欠かせないことと金額は？

では「福利厚生費」にするための注意点にはどのようなものがあるのでしょうか？

これには次の3つがあります。

> ❶ **全従業員が対象であること（一部検診について、年齢で区別することは可能）**
> ❷ **健康管理を目的としたもので、金額が高額でないもの**
> ❸ **料金を会社が負担し、会社が直接診察機関に支払っていること**

これら3つのことを満たした場合に、「**福利厚生費**」として経費になります。要件を満たさない場合には、その従業員の「**給与**」となるので注意が必要です。

また、高額か否かの判定については、明確な基準がないので難しいところですが、人間ドック「**〝1泊2日コース〟などは、今では一般的になってきているので〝福利厚生費〟**」としても問題ないでしょう。

3 従業員が健診の代金を「立て替え」た場合はどうなる？

「会社で指定された病院ではなく、自分の好きな病院で検査を受けたい」

もしかしたら、そんな要望もあるかもしれません。自分の好きな病院で健康診断・人間ドックを受けて、従業員が料金を一時的に立て替え、その料金を後日精算した場合に「福利厚生費」になるのかというと、これは認められません。先ほどの3つのうちの❸を満たさないからです。この場合には、精算した料金は、その従業員の「**給与**」となってしまうので注意が必要です。

☑ 健康維持だけでなく管理も経費になる

- 「全従業員対象」「高額ではない」「会社が直接支払う」この条件で「福利厚生費」になる
- ただし、一部検診の年齢による区別は可能。条件を満たさない場合には「給与」となる

法人　個人

福利厚生費
10

従業員とその家族でディズニーランドに行きました

1　会社行事のレクリエーションにおいて家族分は経費にならない？

従業員間のコミュニケーションの活性化も大切ですが、従業員が仕事に集中するためには、家族の理解も必要不可欠です。そこで、従業員の家族にも参加してもらって、日帰りでディズニーランドへ行ったりします。

この場合、従業員の家族分も含めて、全額会社負担にしているのですが、コレって経費になるのでしょうか？

ひとつの判断基準は、明確に分けられるか、分けられないか？

家族同伴のレクリエーションの場合、家族分の費用を会社が持つのか、とても迷いますよね。

従業員本人の分は経費になるとしても、その家族分はどうなるのか？　このひとつの判断基準は、「**家族分の費用を明確に分けられるか、分けられないか**」です。

今回の場合であれば、ディズニーランドのチケット代は家族分を明確に分けることができますね。「**明確に分けられるのであれば、家族分は、その従業員の個人負担**」とするのが原則です。

ただし、「**金額が軽微な場合には、家族分も含めて、〝福利厚生費〟として経費にしても問題ない**」でしょう。今回のディズニーランドのチケットは、大人1人およそ7000円するので、家族分は従業員の「個人負担」としたほうがいいでしょう。

2 家族同伴でバーベキュー大会を開いたら？

レクリエーションのひとつに、河原でバーベキュー大会というのもよくあります。食材を買ってきて、みんなで調理をしながら親睦を深める。この場合の費用は、ディズニーランドのチケットとは違い、「**家族分を明確に分けることは難しい**」ですよね。また「**金額もそれほど大きなものにならないと考えられるので、家族分も含めて〝福利厚生費〟**」としても問題ないでしょう。

会議費
接待交際費
福利厚生費
旅費交通費
広告宣伝費

3 レクリエーション実施の代わりに、チケットを配布したら？

レクリエーションは行ってしまえば楽しいものですが、行く前の準備はとても大変ですよね。場所の選定や、日程調整、食事や交通手段など、安全に実施するためにはいろいろと考えなければならないことがあります。全員参加が原則ですから、特に日程調整は大変です。そうなると、「今年はどうしても日程があわないから、実際にみんなで行くのはやめて、代わりにチケットを配ろう」ということもあります。チケットを配って、各自好きなときに行ってもらおうということですが、この場合のチケット代は、残念ながら「福利厚生費」になりません。従業員の「**給与**」となり、源泉徴収が必要となります。

☑ 家族分は原則として「個人負担」

- **家族同伴の場合は、家族分の費用を明確に分けられるのであれば、家族分は原則「個人負担」**
- **ただし、金額が軽微であれば「福利厚生費」にしてもいい**

福利厚生費
11

社員旅行に行きました①国内旅行編

1 社員旅行で国内旅行に行ったのは経費にならない？

親睦を深めるために国内の社員旅行へ行きました。もちろん全員参加が原則ですが、実際に参加したのは全体の6割でした。3泊4日で、旅行代金は1人あたり8万円、従業員の自己負担はありません。コレって経費になるのでしょうか？

! 社員旅行を「福利厚生費」にするためには、もちろん要件がある

年に1度の社員旅行です。みんなで楽しんで、リフレッシュして、明日以降の仕事の活力につなげる。そんな社員旅行であれば、無条件に「福利厚生費」として認めてほしいと思うのは私だけでしょうか？　しかし、残念ながら、社員旅行は無条件に「福利厚生費」として経費にするこ

とはできません。「**福利厚生費**」にするためには、次の3つを満たす必要があります。

☑ 福利厚生費と判断するための3つのポイント

❶ 旅行期間が4泊5日以内（目的地が海外の場合は、目的地での滞在日数）
❷ 全従業員の50％以上が参加すること
❸ 会社負担額が高額ではないこと

今回のケースは、右記の3つを満たしているので、「福利厚生費」として認められます。

2 「全従業員」とは誰のこと？

では右記❷の「全従業員」とは、どこまでの範囲を指すのでしょうか？

これは、「**役員・従業員など、一般的な正社員だけでなく、契約社員からパートタイマー、アルバイトまで、会社と直接雇用関係を結んでいる者はすべて**」含まれるので注意が必要です。そうなると、今の時代、社内行事に参加したがらない人も多いので、50％以上の参加は、そう簡単なハードルではないような気がしますよね。

3 高額っていくらまでならいいの？

では次に、❸「会社負担が高額ではない」についてです。残念ながら、これには明確な基準はありません。おおむね**「1人あたり10万円の負担額を超えるような場合には、高額に該当する」**と考えるべきでしょう。たとえば、旅行費用1人あたり20万円（そのうち会社負担10万円）であれば、「**福利厚生費**」にできますが、旅行費用1人あたり15万円（そのうち会社負担13万円）だと、会社負担が10万円を超えているため高額に該当し、会社負担の13万円は「**給与**」となり、源泉徴収の対象となってしまう可能性があります。

勘違いしてほしくないのは、「旅行費用」が高額というのが問題になるのではなく、あくまでも「**問題となるのは、会社負担額が10万円を超えるかどうか**」です。

☑ 社員旅行のポイント❶ 国内旅行編

- **無条件で「福利厚生費」になるわけではなく、宿泊日数、参加率のほかに、会社負担が10万円程度までではなくてはならない**
- **「福利厚生費と判断するための3つのポイント」を満たさなければ「給与」となる**

法人 個人

福利厚生費 12

社員旅行に行きました② 海外旅行編

1 社員旅行で海外旅行に行ったのは経費にならない？

今年の社員旅行は思い切って、海外（タヒチに6日間：4泊6日）に行きました。全員参加の予定でしたが、実際に参加したのは全体の50%で、旅行代金は1人あたり25万円、従業員の自己負担は15万円でした。コレって経費になるのでしょうか？

海外への社員旅行の注意点は「宿泊日数」

社員旅行で海外へ。今では特に珍しくなくなった海外への社員旅行ですが、福利厚生費11（118頁参照）で触れた3つさえ満たしていれば、「**福利厚生費**」として認められます。今回のケースであれば、参加率と会社負担額はクリアしているので、残るは旅行期間となります。旅行期間は4泊5日以内となりますが、これは、あくまで国内の話です。「**海外の場合は、〝目的地での滞在日数〟で判断**」します。4泊6日であれば1日は移動に費やされるので、現地での滞在日数は通常4泊5日となります。したがって、旅行期間の条件も満たしているので、「**福利厚生費**」として認められることになります。

2 社員旅行を複数のグループに分けた場合はどうなる？

海外への社員旅行ともなると、さすがに全員で行くというのが難しい場合もあります。もし仕事で何かトラブルがあっても、国内旅行であれば、すぐに駆けつけることができますが、海外旅行となるとそうはいきません。そこで、全員一斉に行くのではなく、何グループかに分けて、日程をズラしたうえで、別々に行くという会社も多くあります。この場合でも、福利厚生費11で触れた3つを満たせば「**福利厚生費**」となりますが、問題は「参加率」の考え方です。

たとえば、第1グループは50％以上、第2グループは50％未満の参加率だった場合に、第2グループの人たちだけ「給与」扱いになってしまうのでしょうか？　基本的に、「**参加率の考え方は、会社全体で行う**」ことになっています。「**会社全体の参加率が50％に満たない場合は〝給与〟**」になってしまいますが、グループの参加率だけで「給与」になるということはありません。

会議費
接待交際費
福利厚生費
旅費交通費
広告宣伝費

3 グループごとに行き先が変わったらどうなる？

通常、グループに分けた場合、日程をズラすことになります。そうなると、第1グループが行ったときは旬な時季だったけれど、第3グループのときは時季外れになっているといったことも考えられます。どうせなら、どのグループも旬な所へ行きたいですよね。では、グループごとに行き先を変えた場合はどうなるのでしょうか？　基本的に、「**会社負担額が変わらなければ、特別問題はありません**」。グループ間で会社負担額に著しい差が出てしまうと、多く負担してもらったグループの人には、「**給与**」として課税される場合があるので、会社負担額は平等にしましょう。

☑ 社員旅行のポイント ② 海外旅行編

- 無条件で「福利厚生費」になるわけではなく、宿泊日数、参加率のほかに、会社負担が10万円程度までででなくてはならない
- 「福利厚生費と判断するための3つのポイント」を満たさなければ「給与」となる
- 複数のグループに分かれて行く場合は、会社全体で参加率を計算する
- グループごとに行き先が変わっても、会社負担額に差が出なければ問題ない

法人 個人

福利厚生費 13

社員旅行に行きました③ 不参加の人編 社内ゴルフコンペ編

1 社員旅行に参加しない人に旅行券を支給したのは経費にならない？

全員参加で社員旅行を企画しても、都合で参加できない人がいます。この人たちに、社員旅行の会社負担額と同額の旅行券を支給したらどうなるのでしょうか？ 今回の社員旅行は、「旅行期間」「参加率」「金額の多寡」のいずれの要件も満たしています。コレって経費になるのでしょうか？

⚠ 不参加者に金銭を支給した場合はどうなる？

「**不参加者に金銭を支給した場合には、参加者を含め全員が〝給与〟**」扱いとなってしまいます。「**参加した人の会社負担額も〝福利厚生費〟とならない**」ので注意しましょう。今回支給したのは金銭ではなく「旅行券」ですが、「**金券は換金できるので金銭と同じ〝給与〟**」扱いになります。

会議費
接待交際費
福利厚生費
旅費交通費
広告宣伝費

2 社員旅行はイヤだというので

ひと昔前は、社員旅行などの社内行事は、「断らない」というか「断れない」ものでした。ところが最近はそんなこともなく、社員旅行に参加しない人も多くて、社員旅行自体なくなったという会社の話もよく聞きます。社員旅行に代わる福利厚生としては、保養所や会員制リゾートマンションと契約して、従業員が自由に利用できる方法などがあるようです。この場合は、次の4つを満たした場合に「**福利厚生費**」として認められることになります。

❶ **利用者が受ける経済的利益が著しく多額でないこと**
❷ **会社名義で契約し、会社が直接利用料を支払うこと**
❸ **全従業員が利用できること**
❹ **利用実績を記録しておくこと**

たとえば年2回までの利用で、1泊あたり5000円前後であれば、「**福利厚生費**」としても問題ないでしょう。

3 社内ゴルフコンペを開催したらどうなる？

社員旅行に行くのも大変だし、福利厚生施設や保養所と契約するのもちょっと大変だということになると、ほかに社内イベントは何があるでしょうか？

たとえば、ゴルフをやる人がたくさんいるなら「社内ゴルフコンペ」を福利厚生として企画することです。ゴルフも楽しめ、しかも1日で終わるので、泊まりで行くよりも従業員も参加しやすくなります。「社内ゴルフコンペ」はいいこと尽くし！　これはナイスアイデア！　といきたいところですが、「福利厚生費」という観点から考えるとそうでもありません。

税務署はゴルフに対して厳しい見方をします。社内ゴルフコンペは「**〝福利厚生費〟にならず、〝接待交際費〟または〝給与〟となります**」。ゴルフをやる人が増えたといっても、やらない人もいます。全員参加が原則の「福利厚生費」には適さないという見方をされるのです。

社員旅行のポイント ③ 不参加の人編・社内ゴルフコンペ編

- **不参加者に金銭を支給した場合には、すべての人が「給与」扱いとなる**
- **福利厚生としてのペンション利用は可、ゴルフコンペは不可。ゴルフは要注意**

「通勤手当が支給される」理由

「来月から通勤手当が支給されないらしいぞ」

もしかしたら、あなたの会社でもこんな日が来るかもしれません。意外と知られていませんが、会社は通勤手当を支給する義務はないのです。

では、義務ではない「通勤手当」を会社はなぜ支払うのでしょうか？

それは、「従業員にきちんと出社してもらい、仕事を円滑に進めるため」です。

「え〜、通勤手当が出なくても出社ぐらいするでしょ！」

そう思ったあなた！　あなたはとても真面目な人なのです。「通勤手当」がないということは、もちろん「自腹」です。自分で交通費を負担していると思うと、心のどこかで、「少しぐらい遅刻してもいいかな」さらには「休んじゃおうかな」そんな気持ちが芽生えてきても不思議ではありません。あるいは、自腹はイヤだから「徒歩通勤します！」なんていう人が出てきたら、通勤に何時間かかることやらわけがわからなくなってしまいます。

そこで会社は、義務ではない「通勤手当」を支給して、きちんと出社しなければならない理由づけをしているのです。

この「通勤」を含め、「出張」や「視察」など、業務上の移動にかかる「旅費交通費」を会社が負担するのは、きちんと移動してもらうためですが、実はそれだけではありません。あたりまえのことですが、移動することが目的ではなく、仕事をすることが目的だからです。「旅費交通費の定義」は次のようになります。

移動に要した電車代やバス代、タクシー代など、具体的な移動費用はもちろんのこと、移動中、あるいは移動先での業務遂行のために必要な費用も含まれる。たとえば出張先での食事や、疲れを癒すマッサージなど、不慣れな遠隔地での業務を、円滑に進めることを目的として支出する費用

つまり「旅費交通費」は、目的地に移動し円滑に業務を行い、そこから安全に戻ってくることを目的として、会社は負担しているのです。

あなたはどんな出張旅費を精算していますか？

出張に行ったときを思い出しながら、読んでみてください。

法人 個人

旅費交通費 01

出張先のホテルで朝食を食べました

1 出張時の朝食代は経費にならない？

泊まりがけで出張に行った際、宿泊先のホテルで朝食をとることはよくあります。精算のとき、宿泊代に朝食代も含めて一緒に支払うのが一般的です。コレって経費になるのでしょうか？

「日当（出張手当）」を支払っているか、いないかが別れ道

これは出張に際して、役員・従業員に「日当」を支給しているかどうかで変わってきます。「**〝日当〟とは、交通費や宿泊費以外の〝出張中の雑費〟に充てるために支給される手当**」のことです。また、通常の勤務地から離れての業務は、精神的にも肉体的にも疲労することが予想されるため、慰労という意味も「日当」には含まれています。

ということで、この「**〝日当〟が支給されている場合には、その中に朝食代も含まれているので経費にならない**」と考えましょう。「**〝日当〟が支給されていない場合には〝旅費交通費〟**」として経費にすることができます。

出張中の朝食が経費になるかならないかということだけでいえば、「**〝日当〟も〝旅費交通費〟**」として経費になるので、どちらにしても経費になるということになります。

2 「日当」は従業員にも会社にもメリットがある

「日当」は節税のひとつになるのをご存知でしょうか？

「日当」は、手当のひとつですから、役員・従業員に「金銭」を支給することになります。今までも何回か登場しましたが、役員・従業員に「金銭」を支給した場合には、原則「給与」扱いとなります。直接的なお金だけでなく、換金することでお金になる商品券なども含めて、「金銭」による支給は「給与」になるのですが、この「日当」は例外になります。

「**〝給与〟にならず〝旅費交通費〟**」となります。「給与」にならないということは、「**個人の所得税も課税されない、住民税も課税されない、社会保険料にも影響がありません**」。「日当」を受け取る役員・従業員からすると、何の障害もなく現金がもらえることになるので、とてもメリットがあるのです。

また、支給する会社側にとってもメリットがあります。それは、国内出張の日当であれば「**消費税の課税仕入れ**」に該当するということです。つまり、支払った「日当」に消費税が含まれていることになり、その分、消費税の節税につながる場合があるのです。

消費税について、ここで簡単に確認しておきましょう。原則として、消費税の納税額は、次の算式で計算します。

消費税の納税額 ＝ 売上などで預かった消費税Ⓐ － 仕入れなどで支払った消費税Ⓑ

国内出張の日当であれば、支払った日当にかかる消費税はⒷに含まれるので、その分、消費税の納税額が安くなるのです。これに対して、「給与」になってしまうと消費税は「不課税」となり、いくら支払ってもⒷには含まれません。

通常の金銭支給であればできるはずのない消費税の節税が、「日当」になるとできてしまうのです。

会議費
接待交際費
福利厚生費
旅費交通費
広告宣伝費

3 「日当」を支給するには？

では、「日当」を支給するにはどうしたらいいのでしょうか？　答えは「**出張旅費規程**」を作成するということです。ただ「日当」という形で支給したのではダメです。きちんと規程をつくって、いくら支給するかを決める必要があります。国内・海外出張で分けて設定したり、役職などに応じて金額を変更することも可能です。問題は金額ですが、世間相場を意識したものにしましょう。あまりに高すぎると税務調査でもめることになります。国内出張であれば、役員クラスなら1日1万円ぐらいまでであれば問題ないでしょう。

☑ 会社にも従業員にもメリットがある「日当」

- 「金銭」による支給であっても、「給与」とならない。支払側・受取側の節税にもなる
- 支給するには「出張旅費規程」の作成が必須。金額は世間相場を意識したものにする

法人 個人

旅費交通費
02

出張で泊まったホテルで、有料チャンネルとマッサージを利用しました

1 出張時の有料チャンネルの使用料は経費にならない?

出張した際、ホテルで有料チャンネルを利用することもあります。精算の領収書を見ると、ちゃんと「**有料チャンネル使用料**」という項目があります。コレって経費になるのでしょうか?

「有料チャンネル」の使用目的を確認する

有料チャンネルといっても、いわゆる「アダルト」とはかぎりません。最近のホテルは、いろいろな有料チャンネルと契約しているケースも多いので、使用目的をはっきりさせておきましょう。もし「**業務に関係がない個人的な使用であれば、〝個人負担〟**」になります。

業務に関係のある有料チャンネルを利用したのであれば、領収書の脇にどんな番組を何の目的

で観たかメモしておくことで、「**旅費交通費**」として経費になります。従業員の出張精算の領収書に「有料チャンネル使用料」があった場合は、確認しづらいかもしれませんが、仕事として出張に行っているので、何を観たのか、ちゃんと聞くようにしましょう。

2 出張時のマッサージはどうなる？（旅費交通費01：127頁参照）

出張へ行って、慣れない旅先で1日歩き回り疲れたときは、宿泊先のホテルで指圧やマッサージのサービスを利用することがあります。コレって経費になるのでしょうか？

「日当」を支給している場合はどうなる？

経費として認められないと考えましょう。「日当」には、通常と離れた勤務地での肉体的・精神的疲労に対する慰労という意味あいも含まれているので、「**指圧やマッサージの料金は〝日当〟でまかなうべき**」でしょう。

「日当」を支給していない場合はどうなる？

この場合は、全従業員が出張時に指圧やマッサージを利用できるのであれば、金額が高額でないことを条件に、「**旅費交通費**」として精算してかまいません。金額が高額であるか否かは、「日当」の相場をひとつの基準として考えるようにしましょう。

3 出張先で買ってきたお土産は経費になる？

出張に行くと、お土産を買って帰ることがあります。このお土産代は経費になるのでしょうか？お土産は、誰に渡すのかで変わってきます。「**取引先に渡すために買ったものであれば〝接待交際費〟**」として経費になります。しかし、「**自社用に買ったものや自分の家族のために買ったものは経費として認められません**」。この場合は、「**個人負担**」になると考えてください。

取引先用とプライベート用とを買う場合には、面倒でも別々に精算するようにしましょう。一緒に買ってしまうと、内訳の説明が必要になります。なるべく領収書やレシートはシンプルにが基本です。

出張時の雑費のポイント

- **業務に関係がない有料チャンネル使用料は経費にならない。「個人負担」が原則**
- **出張時の個人的支出はきちんと分ける。特に指圧・マッサージは日当との関係にも注意**

法人　個人

旅費交通費

03

海外出張に行きました ① 基本編

1 観光したら、経費にならない？

現地工場の視察や商談、または輸入雑貨を売っている場合の買付や仕入れなど、仕事で海外へ行くことがあります。もし行った先々で、仕事の合間に観光をしたとしたら、コレって経費になるのでしょうか？

! 経費になるかならないかは、観光の度あいによる

海外出張はもちろん仕事がメインですが、仕事の合間にちょっとした観光を入れることもあります。海外での観光という、非日常の空間を体験することによって、日本にいたら気づかなかったことに気づけたり、新しい発見があったり、新しいアイデアを思いついたりと、今後の仕事の

ヒントになることがたくさんあります。

となれば、観光が含まれているからといって、ただちに経費にならないということはありません。ものさしは「**観光の度あい**」です。

2 海外出張中、ほとんどの時間が仕事だとしたら?

出張中、観光もしたけれど、ほとんどの時間仕事をしていたのなら、全額「**旅費交通費**」として経費にすることができます。では、この「ほとんど」ってどれくらいなのでしょうか? 判定の材料として「**業務従事割合**」を算出してみましょう。「**〝業務従事割合〟は、簡単にいえば〝どれくらい仕事をしていたか?〟という割合のこと**」です。

まずは旅行日程を次の4つに分けたら、次頁の算式で「業務従事割合」を計算してみましょう。

❶ 視察などの業務に従事したと認められる日数
❷ 観光を行ったと認められる日数
❸ 目的地までの往復および移動に要した日数
❹ ❶〜❸に該当しない日:土曜日または日曜日など、出張中に休日としてすごした日数

業務従事割合＝❶÷（❶＋❷）

この割合が「**90％以上であれば**」、ほとんど仕事をしていると考えて、全額「旅費交通費」として経費にしても問題ありません。90％未満のケースについては、次節で詳しくお話しします。

3 日数の計算のしかたにはルールがある

右記の計算方法はわかったのですが、日数の計算のしかたはどうすればいいのでしょうか？丸1日仕事とか、丸1日観光とかであれば計算しやすいのですが、そうともかぎりません。1日の中で仕事や観光や移動があることもあります。そういった場合には、昼間の通常の業務時間（おおむね8時間）を1・0日として、その日の行動を、おおむね0・25日単位で計算してみましょう。なお、夜間にも仕事をしている場合には、その日数換算を❶に加算してください。

☑海外出張のポイント その❶

- ◉観光があっても、経費になる場合もある。旅行日程表を必ず作成すること
- ◉「業務従事割合」が90％以上であれば、ほとんど仕事であるため全額経費となる

法人 個人

旅費交通費 04

海外出張に行きました② 経費にすることができる割合

1 「業務従事割合」が90％未満だったらどうなる？

前節の「業務従事割合」が90％未満だった場合、コレって経費になるのでしょうか？

「損金算入割合」で考える

「業務従事割合」が90％以上であれば、出張旅費の全額が経費として認められますが、90％未満だった場合には、次のような判定になります。まずは「損金算入割合」を計算します。「〝**損金算入割合**〟は、**簡単にいえば経費にすることができる割合のこと**」です。「〝**損金算入割合**〟は〝**業務従事割合**〟**を10％単位で区分し、10％未満の端数は四捨五入したもの**」です。たとえば、「業務従事割合」が85％であれば、「損金算入割合」は10％未満の5％を四捨五入して、90％となります。この「**損金算入割合が90％以上であれば、全額〝旅費交通費〟**」として経費になります。

2 「損金算入割合」が90％未満だったらどうなる？

この場合は、「業務従事割合」が50％以上か50％未満かで変わってきます。

☑「業務従事割合」が50％以上の場合、経費にできる金額

経費に認められる金額 ＝ Ⓐ＋（Ⓑ×Ⓒ）

Ⓐ：往復の交通費の額　Ⓑ：Ⓐ以外の費用の額　Ⓒ：損金算入割合

☑「業務従事割合」が50％未満の場合、経費にできる金額

「**〝業務従事割合が50％未満かつ「損金算入割合」が10％以下〟であれば、出張旅費の全額（Ⓐ＋Ⓑ）が経費として認められません**」。つまり、ほとんどが観光という判定になります。

これに対して、「業務従事割合」が50％未満かつ「損金算入割合」が10％を超えていれば、次の金額を経費にすることができます。

経費に認められる金額＝（Ⓐ＋Ⓑ）×Ⓒ

かなりややこしいので、ポイントを押さえる

ちょっというか、かなりややこしい話ですよね。でも、一つひとつ考えれば大丈夫です。まずは「**業務従事割合**」を計算してみましょう。そして、その「業務従事割合」を10％単位で区分し、10％未満を四捨五入すれば、それが「**損金算入割合**」となります。この2つの割合さえしっかりと計算できれば、あとは、どの区分になるのかを落ち着いて確認するだけです。

3 経費として認められなかった部分は「給与」になる

経費として認められなかった部分は「給与」となるので注意が必要です。

海外出張のポイント その②

- 「損金算入割合」が90％以上の場合も、全額経費として認められる
- 経費として認められなかった部分は「給与」となり、源泉徴収の対象となる

会議費
接待交際費
福利厚生費
旅費交通費
広告宣伝費

法人
個人

旅費交通費
05

海外出張に行きました③妻を同伴しました

1 「パーティーの同伴者」という理由だけでは、経費にならない？

海外出張先でのパーティーやレセプションの場合、夫婦やパートナーといった同伴者がいたほうがスムーズなことがあります。そこで、会社の仕事には一切タッチしていない専業主婦の奥さんを海外出張に連れて行ったとします。コレって経費になるのでしょうか？

仕事上必要だから奥さんを連れて行ったので経費になる？

海外のパーティーなどは、奥さんが仕事に参加していようとしていまいと夫婦単位で招待されることが多いです。「郷に入っては郷にしたがえ」ではありませんが、日本から出席する場合でも、ひとりで参加するよりも奥さんを同伴したほうが盛り上がりますし、パーティーの雰囲気が円滑になります。

ということは、「業務上必要」だから奥さんを連れていくのですが、残念ながらそれだけでは経費になりません。

2 どうしたら同伴者の旅費を経費にできる？

同伴者の旅費を経費にするためには、次の3つを満たす必要があります。

> **❶ あなた（役員）が、常時補佐を必要とする身体障がい者であるため、補佐人の同伴が必要な場合**
>
> **❷ 国際会議などへの出席のために配偶者を同伴する必要がある場合**
>
> **❸ その旅行の目的を遂行するための外国語に堪能な者、または高度な専門的知識を有する者を必要とする場合に、ほかの役員や従業員に適任者がいない場合**

ということで、経費にするためのハードルは結構高いのです。「**単純にパーティーの同伴者が必要だからというレベルでは、経費にする理由にならない**」ので注意してください。

3 奥さんが役員もしくは従業員だったらどうなる？

では、もしも奥さんが会社の役員、あるいは従業員であった場合はどうなるのでしょうか？
そうなると、今度は役員や従業員であったとしても「形だけ」ということもあるので、先ほどの❸の条件で考えることになります。

形だけでなく、きちんと業務に携わっているのであれば仕事の内容も把握しているはずですし、何なら商談もできるはずです。パーティーでも「ただいるだけ」ではなく会社のために立ち振る舞うことができるのであれば、「外国語に堪能な者」「専門的知識を有する者」に該当する可能性は十分にあります。であるならば、堂々と「**旅費交通費**」として経費にしましょう。

同伴者、特に奥さんを連れていく場合には、その連れていく理由をきちんと証明できるようにしておく必要があります。証明できない場合には、あなたの「**給与**」となります。

☑ **海外出張に奥さんを連れて行くポイント**

- **奥さん分の旅費は、「パーティーの同伴者」というだけでは経費にならない**
- **否認されると、「経費にならない」うえに「源泉徴収も必要」というダブルパンチになる**

旅費交通費

06

法人 個人

海外出張に行くのでパスポートを取得しました

1 業務で必要になったパスポートの取得費用は経費になる?

業務で海外出張に行くことになった際、海外旅行がはじめての場合にはもちろんのこと、パスポートの期限が切れていたりして、新規で取得をしなければならないことがあります。パスポートはプライベートでも使えるものなので、取得費用は会社経費なのか個人負担になるのか迷っています。コレって経費になるのでしょうか?

「支度金」の有無で判断する

あたりまえの話ですが、パスポートは1人につきひとつだけです。仕事用とプライベート用で分けられればいいのですが、そうもいきません。では、海外出張を命じられたときのパスポート取得費用はどうすればいいのでしょうか。経費になるのか、それとも個人負担なのか。これはなかなか判断が難しいところです。

考え方のひとつは、出張に際しての「**支度金**」の有無があります。支度金を支給しているのであれば、その「**支度金でまかなうべきもの**」となります。もし「**業務命令の海外出張で〝支度金〟が支給されないのなら、パスポート取得費用は〝旅費交通費〟**」として経費にすることができます。なおこの取得費用には、申請代だけでなく「パスポートに貼るための写真代」や「取得するための交通費」などの付随費用も含まれます。

2 パスポートの有効期限は「5年」「10年」どちらでもいいの?

ご存知のとおり、パスポートには5年と10年の2つの有効期限があります。会社の経費で申請する場合には、どちらにすべきか? これは「**5年が無難**」です。理由としては、「10年後にその会社で働いているのか?」という可能性の問題です。もちろん働いていてほしいのですが、取得時点では誰にもわかりません。何を基準にというよりも、会社の経費にするにはちょっと期間が長すぎます。ということで、「**10年用で申請した場合でも、5年用の申請代 + 写真代 + 取得にかかった交通費を〝旅費交通費〟**」として経費にするようにしましょう。

3 国際運転免許証の取得費用はどうなる?

海外出張に伴い、自動車の「**国際運転免許証**」を取得する場合もあります。この場合の取得費用はどうなるのでしょうか? これも、パスポート取得費用と同じく、「**支度金**」の有無で変わってきます。「支度金」の支給があれば、「**支度金でまかなうべきもの**」となり、「支度金」の支給がなければ、「**旅費交通費**」として会社の経費にして問題ないでしょう。「国際運転免許証」の有効期限は1年であるため、パスポートのような期間の問題はありません。

☑ **海外出張の準備費用は原則「会社負担」**

- **「支度金」の有無で変わる。「支度金」の支給がなく、業務命令であれば経費となる**
- **「支度金」を支給するためには「出張旅費規程」をつくり、基準を明確にする**

会議費
接待交際費
福利厚生費
旅費交通費
広告宣伝費

法人 個人

旅費交通費
07

新幹線通勤をしたいのですが……

1 新幹線通勤は経費にならない？

念願だった夢のマイホームを手に入れました！　しかしながら、勤務地から遠く離れてしまいました。新幹線を使えればだいぶ違うのですが……。こんな話、よくあります。コレって経費になるのでしょうか？

！通勤手当には「非課税限度額」がある

夢のマイホームを手に入れた代わりに通勤の問題が出てくる……、何かを得れば何かを失うものです。では、今回の新幹線通勤はできるのか？　答えは「**できる**」です。通勤手当は、いくら支給しても問題ありません。

ただし、通勤手当には「**非課税限度額**」という注意点があります。非課税限度額の枠内であれば、いくら支給しても所得税は課税されませんが、枠を超えた金額は「**給与**」となり、源泉徴収の対象となってしまいます。このことから、一般的には「**非課税限度額までを通勤手当の上限としている**」ところが多いようです。

2 では通勤手当はいくらまでなら経費になる？

「いくらまでなら経費になる？」というのは、言い換えると「**いくらまでなら非課税なのか？**」ということです。非課税限度額は、通勤の手段により変わるので、順番に見ていきましょう。

❶ 電車やバスなど交通機関だけを利用している場合

この場合は、通勤のための運賃・時間・距離などの事情に照らして、「**最も経済的かつ合理的な経路で通勤した場合の通勤定期券などの金額が〝非課税限度額〟**」となります。つまり、いくつかの通勤経路から「私はこの電車の形が好きだから、この経路にしたい！」といったワガママは認められません。また、「**通勤定期券などの金額が1カ月15万円を超える場合には、15万円までが非課税**」となります。注意しなくてはいけないのが、新幹線を通勤に利用した場合です。新幹線の運賃は「経済的かつ合理的な方法」に含まれますが、「グリーン料金」は含まれません。「グリーン料金」を会社が負担した場合には、「**給与**」となります。

❗ ❷ 電車やバスなど交通機関のほか、自動車や自転車も使っている場合

この場合の非課税限度額は、次の金額を合計した金額となります。

> **Ⓐ 電車やバスなどの交通機関を利用する場合の1カ月あたりの通勤定期券などの金額**
> **Ⓑ 自動車や自転車などを使う通勤距離に応じて、片道距離で決まっている1カ月あたりの非課税限度額（次頁下表参照）**

このⒶ＋Ⓑの金額が15万円を超える場合には、15万円までが非課税限度額となります。

❗ ❸ 自動車や自転車だけを使っている場合

この場合には、右記❷のⒷ「片道距離で決まっている1カ月あたりの非課税限度額」で計算することになります（次頁下表参照）。

❹ 徒歩通勤をしている場合

この表を見ると、こんな意見が出てきます。

「おっ、4キロぐらいなら徒歩通勤している従業員がいるから、4200円までは通勤手当として経費になるな」と。しかし、残念ながら徒歩通勤の場合には「**給与**」となってしまいます。同じ距離でも、「自転車」だったら非課税、「徒歩」だったら「課税」となるのです。徒歩通勤はトホホ…なのです。

☑通勤手当のポイント

- ◉「通勤手当」はいくらでもかまわないが、非課税限度額を超えた部分は「給与」となる
- ◉非課税限度額は通勤手段により計算方法が変わる

☑1カ月あたりの非課税限度額（平成28年1月1日以降）

区分		給与として課税されない金額の上限
交通機関または有料道路を使用している者		15万円
自動車や自転車などの交通用具を使用している者	通勤距離（片道）	
	55km以上	3万1,600円
	45km以上、55km未満	2万8,000円
	35km以上、45km未満	2万4,400円
	25km以上、35km未満	1万8,700円
	15km以上、25km未満	1万2,900円
	10km以上、15km未満	7,100円
	2km以上、10km未満	4,200円
	2km未満	全額課税される

※ 表の数字は税制改正が行われるので注意してください。

法人　個人

旅費交通費 08

定期券の区間にある取引先へ訪問しました

1 定期券の区間だから経費にならない？

自宅から取引先へ訪問する場合や取引先から自宅に戻る場合など、いわゆる「直行直帰」のときや、業務中の移動で定期券の区間を一部でも利用する場合の交通費の精算について、定期券区間も含めて交通費精算をしてしまうことがあります。コレって経費になるのでしょうか？

経費の二重計上になる

取引先が、ちょうど定期券の区間内にあるとか、一部定期券区間を利用して行けることがあります。そういった場合に、定期券区間も含めて交通費として別途精算できるのかというと、これはできません。金額はわずかかもしれませんが、いわゆる「**経費の二重計上**」になってしまいます。「**経費精算時は、面倒でも定期券区間を除いて精算する**」ようにしましょう。

2 通勤手当を支給しているのに、定期券を買っていなかったら？

通勤手当をもらっているのに、定期券を買わない人、あなたの周りにもいませんか？

これは「**通勤手当の不正受給**」という問題になります。もし不正受給があった場合の処理は、会社の方針によって大きくは次のように分かれます。「❶ **支払ってしまったものについては何もしない**」「❷ **さかのぼって返還請求する**」。

通勤手当を受け取っている従業員からすれば、「もらった給与だから、何に使おうがかまわない」という言い分があるかもしれませんが、これは違います。「**通勤手当は給与ではない**」からです。会社には、通勤手当を支払う義務はありません。本来は自己負担であるものを、会社が通勤手当として支給しているので、定期券を買うというのが筋なのです。

☑ **通勤経路をきちんと把握する**

- ◉ **定期券区間での移動は、別途、交通費精算はできない**
- ◉ **通勤手当の不正受給がないように、購入した定期券のコピーをもらう**

法人
個人

旅費交通費
09

終電前、接待した帰りに自宅までタクシーを使いました

1 終電前のタクシーは経費にならない?

取引先を接待して帰りが遅くなったとき、終電まで時間があったとしても、かなり酔っていた場合、自宅までタクシーで帰ることがあります。コレって経費になるのでしょうか?

リスク回避費用としての経費になる

最近、お酒に酔ってのトラブルを伝えるニュースをよく見かけます。お酒に酔って他人に暴行を加えてしまったり、器物破損や痴漢行為など、酔っていたからでは許されない事件を起こしてしまうことがあります。ニュースになれば会社名も報道され、会社の信用は一気に地に落ちます。1度落ちた信用を回復するのは並大抵のことではありません。

万が一のトラブルを考えれば、まだ終電があったとしても、かなり酔っ払っていた段階で無理やり電車に乗せるのは得策ではありません。「**トラブルを未然に防ぐといったリスク回避の点から考えても、タクシーで帰らせるのは当然**」のことといえます。あまりに酔いすぎてタクシーでもトラブルを起こしそうであれば、ビジネスホテルに泊めるということも考える必要があります。

それぐらい、お酒のトラブルは慎重になっていいはずです。したがって、終電前のタクシー利用であっても、場合によっては経費として認めても問題ありませんが、どの経費になるかは注意が必要です。

2 「接待する側」のタクシー利用は原則として「接待交際費」になる

「**接待する側**」のタクシー利用は、原則「**接待交際費**」として経費になります。

リスク回避とはいえ、酔っ払っているからタクシーを使っていいとなると切りがなくなるので、事前にタクシーでの帰宅を認める範囲を決めておくようにしましょう。

役員と従業員では、同じトラブルを起こしたとしても会社に与える影響が違います。やはり、役員がトラブルを起こしたほうが報道も大きくなりがちです。「**リスク回避の点から考えても、役員については特に慎重に**」考えておきましょう。

また間違えやすい点として、「接待する側」の役員や従業員が、接待会場までタクシーで移動した場合があります。何となく、接待は接待会場からスタートすると思いがちですが、そうではありません。「**接待会場に向かう途中も接待の一部**」なのです。接待会場までの交通費は、旅費交通費ではなく「**接待交際費**」として経費になるので気をつけましょう。

3 「接待される側」のタクシー利用であれば「旅費交通費」になる

接待であっても、「**接待される側**」であれば「**旅費交通費**」として経費にすることができます。たとえば、接待が行われる会場までタクシーで移動したり、接待会場からタクシーで自宅に帰った場合など、「**旅費交通費**」として経費になります。

接待する側、される側で、同じタクシー代でも経費の項目が変わるので注意が必要です。

☑ 接待時のタクシー利用のポイント

- **終電前であっても、リスク回避の点から考えてタクシー利用は経費になる**
- **接待する側は原則「接待交際費」、接待される側は「旅費交通費」としての経費になる**

旅費交通費 10
法人 個人

Suicaを買いました

1 デポジットがあるから経費にならない？

新しく**Suica**を買いました。５００円分のデポジットが含まれています。コレって経費になるのでしょうか？

デポジットは返ってくるものだから経費にならない

電車やバスに乗るとき、ほとんどの人が**Suica**や**PASMO**といったプリペイド型電子マネーのＩＣカードを利用しています。会社でも、無記名式のものを購入して会社内で共有して使っている場合が多くあります。この**Suica**などのＩＣカードを購入する際には、５００円のデポジットが徴収されています。「**デポジットとは保証金のことで、解約したときに返却される**」ものです。

したがってこの５００円については経費ではなく、あとから返ってくるものとして、「**資産**」で処理する必要があります。

2 電子マネーとしても使えるので個人的支出に注意する

Suicaなどの I Cカードは、電子マネーとしても利用できます。電車やバスなどの交通費としての利用だけでなくコンビニでも使えるので、「**何に使っているのか定期的に履歴を確認する**」ようにしましょう。

チャージ料金を、単純に「**旅費交通費**」として処理してしまっている会社が多いかもしれませんが、なかには個人的な支出が隠れているかもしれません。個人的な支出分については「個人負担」として返金してもらうか、返金してもらわない場合には、従業員の「**給与**」となり、源泉徴収の対象となります。

一つひとつは小さな金額かもしれませんが、「塵も積もれば山となる」です。また、こういう細かいことを見逃していくことが、やがては、横領などの大きな犯罪につながっていくかもしれないのです。チャージ料金を「ノーチェック」で通すのではなく、「チェックしている」というのを従業員に見える形で示して、不正をさせない職場環境をつくるようにしましょう。

3 Suicaを解約したときは？

Suicaが不要になったら、解約することができます。解約に際しては、チャージ残額とデポジットが返金されますが、「**払いもどし手数料**」が差し引かれる場合があります。払いもどし手数料は、「**旅費交通費**」や「**支払手数料**」として経費にすることができますが、この「払いもどし手数料」は、基本的に、チャージ残額がある場合に発生するものであり、デポジットから差し引かれるということはありません。デポジットは保証金であるため、必ず返ってくるのです。つまりは、「**チャージ残額ゼロの状態で解約するのが、手数料も引かれず1番いい**」ということですね。

電子マネーは履歴チェックを忘れずに

- **デポジット（保証金）は返金されるため経費にならない。「資産」として処理する**
- **電子マネーとしても利用できるので、個人使用がないか利用履歴は定期的にチェックする**

広告宣伝費 ⑤

「映画はなぜヒットするのか？」その理由を紐解くと

みなさん、映画は好きですか？

映画好きに、いい映画の条件を聞くと、「面白い」「役者がいい」「感動する」「ドキドキ、ハラハラする」「想定外の結末」など、いろいろな条件が出てきます。

確かにこれらは、いい映画の条件ですよね。

でも、忘れてはならないのは「ヒットした作品」ということです。

いくら素晴らしい映画であっても、誰にも観られなければ、それは「ない」のと同じです。「面白い」「役者がいい」「感動する」「ドキドキ、ハラハラする」「想定外の結末」と言えるのも、その映画を観たから言えることなのです。

「え〜、そんなことはない！　ヒットしてなくても観てるよ」という映画好きの人も中にはいるかもしれませんが、ほとんどの人はそうではありません。「ヒットしている」から「観ている」のです。

では、なぜ「ヒットするのか？」

それは、その映画があることを「知っているから」です。

そもそも知らなければ、観に行くこともありません。

では、なぜ「知っているのか？」

それは、テレビCMを見たり、新聞や雑誌広告を見たり、駅や街角のポスターを見たり、あるいは、口コミだったり、何かしらの方法で目にしたり、耳にしたりしているからです。

これらの「誰かに知ってもらうための費用」が「広告宣伝費」になります。

でも、ただ知ってもらうだけではダメです。「いい商品であること」を知ってもらうことが重要なのです。言い換えると次のようになります。

> 誰かにいい商品やサービスであることを知ってもらうための費用、
> またはいい商品やサービスに改善するための費用

つまり、テレビCMなどの直接的な告知だけでなく、工場見学や試食会など、いい商品やサービスにするためのものも含まれるのです。

法人　個人

広告宣伝費01　オリジナルキャラクターの着ぐるみをつくりました

1　オリジナルキャラクターは経費にならない？

ゆるキャラブームに乗ろうというのもあり、会社や商品のオリジナルキャラクターを製作しています。会社のPRを目的としているので製作すること自体は問題ないと思いますが、コレって経費になるのでしょうか？

オリジナルキャラクター製作費は、原則として「資産」になる

ミッキーマウスやミッフィー、キティちゃんにスヌーピー、アンパンマンなどなど、世の中には数多くのキャラクターが存在します。これらのキャラクターの持つ宣伝効果には計り知れないものがあります。だって考えてみてください。ミッキーマウスやミッフィー、キティちゃんなど

は、子どものころに好きになったキャラクターだと思います。それを大人になっても覚えていて、今でも大好きなキャラクターもあると思います。その宣伝効果たるや、想像もできないぐらい大きいと思いませんか？

オリジナルキャラクターを製作した効果はつくったときだけのものではなく、つくったあとも続いていくのです。つまり、つくったときだけの経費ではないということですね。いったん「**〝資産〟にしておいて、宣伝効果のある年数にわたり、毎年ちょっとずつ経費にしていく**」のです。

宣伝効果って何年続くの？

では、その宣伝効果って、何年続くのでしょうか？

これは結果論でしかなく、キャラクターをつくったときには誰にもわかりませんよね。したがって、ある程度の年数が次の区分で決められています。

❶ キャラクターの商標登録をした場合 ⇓ 10年
❷ キャラクターの商標登録をしなかった場合 ⇓ 5年

これは、会社のロゴマークをつくったときと同じ考え方なので **広告宣伝費02**（164頁参照）とあわせて確認してみてください。

2 オリジナルキャラクターの着ぐるみは経費にならない？

さらにオリジナルキャラクターの着ぐるみを製作したとします。通常は、PRを目的としているはずです。

着ぐるみは「資産」になる

「着ぐるみ」は、原則として「**製作時には経費になりません**」。いったん「〝**資産**〟**としておいて、その後、減価償却をしながら、5年間かけて経費**」にしていきます。

1年以上使えるのか、使えないのかで変わる

「着ぐるみ」を着てPR活動をするのは大変です。野外で活動することも多く、ときには子どものキックやパンチなど、いじられることもしばしばあります。そう考えると、使用可能期間が1年未満ということもあると思います。「**使用可能期間が1年未満であれば、製作時に経費**」と

してもかまいません。しかしながら、一般的には「着ぐるみ」は1年以上使用可能なはずなので、まず1体つくって試してみて、実際に1年でダメになってしまうようであれば、2体目以降を製作したときには1年で経費にする根拠ができます。つまり、**「使用可能期間だけで判断して、1体目から製作時に経費にするのは難しい」**ということになります。

製作費が30万円以上か未満かで変わる

「使用可能期間で経費にするか否かを判定する」のは難しいのですが、金額で判定するということになれば、答えが明確でわかりやすいですよね。ではいくらで考えるのかというと、30万円が基準となります。青色申告をしている中小企業（資本金1億円以下）や個人事業主であれば、**「1体30万円未満であれば、製作時に経費にすることができる」**のです。これを**「少額減価償却資産」**といいます。この「少額減価償却資産」は時限立法です。**「時限立法」**というのは、文字どおり、時期が限定されています。恒久的に認められたものではないので、実際に処理をするときには、適用できる時期かどうかを確認しましょう。

またこの30万円は、消費税込みで考えるのか、消費税抜きで考えるのか、これは会社によって違います。会社が**「税込経理であれば、税込金額が30万円未満か否かで判定」**し、会社が「**税抜**

経理であれば、税抜金額が30万円未満か否かで判定」することになります。いずれにしても、この30万円未満というのを意識して、オリジナルキャラクターを製作すれば、経費で落とせるかどうか心配しなくても大丈夫ということですね。

オリジナルキャラクター製作のポイント

- オリジナルキャラクターの宣伝効果は長い。したがって、いったん「資産」とする
- 商標登録した場合は10年、しなかった場合は5年間で按分して経費にする

着ぐるみ製作のポイント

- 原則としてはいったん「資産」にしておいて、毎年減価償却をして5年間で経費にする
- 使用可能期間が1年未満か、青色申告であれば30万円未満で製作時に経費にできる

法人　個人

広告宣伝費
02

ブランドのロゴマークをつくりました

1　ロゴマークは経費にならない？

ブランド力アップのために、ロゴマークをつくることがあります。ロゴマークをつくったら、念のために商標登録をしておくこともありますが、コレって経費になるのでしょうか？

商標登録をするか、しないかで「資産」か「経費」か変わる

この場合のロゴマーク制作費は、単純に経費になるわけではありません。実は、商標登録をするかしないかで変わってくるのです。

2　ロゴマークを制作して商標登録をした場合

この場合、すぐには経費にできません。**「ロゴマークはいったん〝商標権〟という〝資産〟」**になるので、減価償却をしながら10年間かけて経費にしていきます。商標権に含まれる費用には「**ロゴマーク制作費**」と「**商標登録のための諸費用**」がありますが、このうち商標登録のための諸費用については商標権に含めず、支払い時の経費として「**広告宣伝費**」にすることができます。

また、「商標権」についても、**広告宣伝費01**に出てきた「**少額減価償却資産**」の適用があるので、30万円未満であれば制作時の経費にすることができます。

なお、「商標権」の権利存続期間は10年となっています。更新することも可能ですが、その際の「**更新料は、全額支払時の経費**」にすることができます。

3 ロゴマークを制作したけれど商標登録をしなかった場合

商標登録をしなかった場合には「**〝商標権〟としての〝資産〟にはなりません**」。しかしロゴマークは通常1年以上使用するものなので、ロゴマーク制作費は支払時に全額経費にすることはできず、いったん「**資産**」にする必要があります。

「資産」にしたあとは、支出の効果のおよぶ期間で按分し、毎年少しずつ経費にしていきます。

実際には、何年効果があるかなんてわかりませんよね。そこで、「**通常は5年間で按分して経費**」

にしていくことになります。ただ、ただしです！　ちょっとややこしいのですが、ロゴマーク制作費は、「**任意償却の繰延資産**」になります。「〝**償却**〟**とは経費にすること**」です。「〝**繰延資産**〟**とは、数年間繰り越して少しずつ経費にする資産ということ**」です。これが「任意」ということは、今回のケースであれば、「本来は5年間で均等に割り振らなければいけないけど、任意だから、5年以内だったら好きなときに経費にしていいよ」、という意味になるのです。言葉が難しいですよね。つまり、「**支払時に全額経費にすることもできる**」ということです。

ロゴマーク制作のポイント

- **商標登録した場合は、いったん商標権として資産にして、10年間かけて経費になる**
- **商標の権利存続期間は10年。更新した場合の更新料は、全額支払時の経費になる**

広告宣伝費 03

法人 個人

お客様を紹介してくれたお礼に紹介手数料を支払いました

1 紹介手数料は経費にならない？

お客さまを紹介してくれた取引先に、紹介手数料を支払うことはよくあります。その取引先が情報提供(不動産仲介や人材紹介など)をビジネスにしているわけではないのが普通です。コレって経費になるのでしょうか？

❗ 経費は経費でも、相手先次第で変わってしまう

「**情報提供をビジネスにしている会社**」に紹介手数料を支払うのであれば、「**販売手数料**」や「**広告宣伝費**」として問題なく経費にすることができます。たとえば不動産業者に物件を紹介してもらったときに支払う仲介手数料が、コレにあたります。

対して、「**情報提供をビジネスとしていない会社**」に紹介手数料を支払った場合には、ただ単純に支払ったのなら「**接待交際費**」になります。紹介や情報提供というのは形ある商品ではないため、紹介の事実がなくてもあとから何とでもいえてしまうからです。ただし、情報提供を商売としていない会社に支払う場合でも、条件つきで「販売手数料」や「広告宣伝費」といった経費にすることができます。

「接待交際費」にならないための要件とは？

支払った紹介手数料を「接待交際費」にしないためには、次の要件を満たす必要があります。

- ❶ **紹介手数料を支払うことを、事前の契約で確認すること**
- ❷ **契約に基づいた紹介・情報提供であり、その事実があること**
- ❸ **その紹介・情報提供に相当する金額として妥当であること**

ただし、現実的には事前に契約を交わすことが難しい場合もあります。

そこで、ホームページ上で「紹介や情報提供をしてくれた場合には、金品の交付をする」旨の記載をしておくことで、契約の代用をすることができるのです。契約というのは、必ずしも書面である必要はありません。ホームページ上で告知することでも、「**事前の契約**」に該当します。ホームページ上で告知することで、一般の消費者などへの支払いも「接待交際費」にしないですみます。

2 契約に基づいた支払いでも、接待交際費になる場合がある

注意が必要なのは、先ほどの要件を満たした支払いでも「接待交際費」になる場合があるということです。それは紹介してくれた会社に支払うのではなく、「**その会社の従業員などに支払う場合**」です。この場合は、たとえ契約に基づいたものであっても「**接待交際費**」となってしまいます。また、「**自社の従業員に支払う場合には〝給与〟**」となり、源泉徴収が必要となるので、こちらも注意が必要です。

☑「販売手数料」にするためには条件がある

- 支払先のビジネスが、紹介や情報提供であれば、「販売手数料」などの経費にできる
- 支払先のビジネスが紹介や情報提供以外の場合は、単純に支払うと「接待交際費」になる

法人
個人

広告宣伝費
04

オリジナルのカレンダーや手帳をつくりました

1 オリジナルのカレンダーや手帳は経費にならない？

毎年、年末になると、社名入りのカレンダーや手帳をつくって、お客さまに配ることがあります。使いやすいように、オリジナルをつくっていますが、コレって経費になるのでしょうか？

社名や商品名が入っていれば「広告宣伝費」になる

「**会社の知名度の向上や商品の販売促進が目的**」であれば、「**広告宣伝費**」として経費になります。あくまで宣伝が目的ですから、社名や商品名が入っていることは必須です。社名や商品名の記載がなければ、宣伝とはいえませんよね。とはいえ、せっかく渡しても使ってもらえなければ意味がありません。デザイン的にも優れたものをつくって、なるべく長く置いてもらいたいのが心情です。そういった場合には、社名や商品名の代わりに、ホームページアドレスなどで代用してもかまいません。どんな方法であれ、宣伝につながればいいのです。「**宣伝につながらないと判断された場合には〝接待交際費〟**」となります。

2 販売している「手帳」を配ったらどうなる？

昨今の手帳ブームもあり、今、世の中にはたくさんの手帳が販売されています。手帳は時間管理の道具です。つけ方、使い方で人生が変わるといっても過言ではありません。成功した人の手帳術は、誰もが興味のあるところだと思います。ということで、自社のオリジナル手帳を販売するという会社も増えてきました。では、販売している手帳をお客さまに配った場合も「広告宣伝費」となるのでしょうか？　販売するということは、その手帳は「自社商品」です。「**〝自社商品〟をお客さまに配った場合には、〝接待交際費〟**」になります。

3 社名入り「QUOカード」を配ったらどうなる？

カレンダーや手帳を配るのはあたりまえ、何とかして、他社と差をつけたいと考える会社もあると思います。そのひとつの方法として、コンビニや書店、ドラッグストアなどで使える「**QU**

○カードを社名入りで配る」ということがありますが、これは残念ながら「広告宣伝費」としては認められません。「**ＱＵＯカードは〝接待交際費〟**」となります。でも、あきらめる必要はありません。「ＱＵＯカード」がダメでも、「**図書カード**」であれば、次の条件を満たすことで、「**広告宣伝費**」とすることができるのです。

❶ 不特定多数の会社や人に対して配るものである
❷ １枚あたりの単価は１０００円以内
❸ 現金と同等の役割をするものではないもの

「ＱＵＯカード」は何でも買える現金と同等のものですが、「図書カード」であれば、利用を本に限定できるのがポイントです。

☑ 広告宣伝グッズを配るポイント

◉ 社名や商品名などを記載し、宣伝につながるものであれば「広告宣伝費」となる
◉ 手帳やカレンダーなど販売しているものを配った場合は、「接待交際費」となる

法人
個人

広告宣伝費05

無料でお土産つきの試食会・体験レッスンをやっています

1 試食会の費用は経費にならない？

一般の人向けに、自社のレストランや会議室などで試食会を催すと、SNSなどで拡散してもらえるなどとても効果的です。お帰りの際にはちょっとした詰めあわせを記念品として渡したりすることもファンづくりになります。コレって経費になるのでしょうか？

試食のための費用は「広告宣伝費」になる

食の安全が問題になっています。お客さまが安心して食べられるように、食の安全性をホームページに載せたり、健康志向の新メニューを発売したりすることで、安心して食べられることをアピールできますが、それだけではなかなかお客さまに伝わりません。そこで、実際に商品を食べてもらったり、材料の入手方法や産地を確認してもらうことで商品のよさを知ってもらうようにする必要があるのです。したがって試食会の費用や帰りの記念品の費用は、接待することが目的ではなく商品のよさを広めることが目的なので、「**広告宣伝費**」として経費にすることができます。

2 体験レッスンの費用はどうなる？

最近はいろいろなカルチャースクールがあり、学びの場が増えています。学びの場が増えることはいいのですが、スクールの選択に苦労します。そんなとき役立つのが「**体験レッスン**」です。とりあえず1回受けてみて、自分にあっているか否かを確認できるというのは、ある意味試食会などと同じ効果があります。したがって、テキスト代など、体験レッスンのための費用も「**広告宣伝費**」として経費にすることができます。

☑ 知ってもらうための「お試し」は経費になる

- ◉ 試食のための費用は「広告宣伝費」となる。記念品の費用も「広告宣伝費」となる
- ◉ カルチャースクールの体験レッスン費用も「広告宣伝費」となる

法人
個人

広告宣伝費
06

取引先を招待して新製品発表会を開きました

1 新製品発表会に取引先を招待した費用は経費にならない？

新製品発表会の開催にあたり、交通費と宿泊費を負担して取引先を招待することがあります。コレって経費になるのでしょうか？

原則として「接待交際費」にはならない

マーケティングを考えるときの原則のひとつに「**知らないものは買えない**」というのがあります。いくら優れたもの、役立つものであったとしても、それを知らなければ買うことができません。まずは、その商品を知ってもらうことが大切です。誰もが知っている大企業なら、「新製品発表会を開く」と案内すれば、ある程度の来場者を見込めるかもしれませんが、中小企業の場合には、もしかしたら難しい面があるかもしれません。「知らないものは買えない」ので、まずは知ってもらうために交通費や宿泊費を負担してでも来場してもらいたい場合もあります。負担する交通費や宿泊費は、接待のためではないので、「**広告宣伝費**」もしくは「**旅費交通費**」として経費にすることができます。

2 それでも、「接待交際費」になる場合がある

原則は「接待交際費」になりませんが、場合によっては「**接待交際費**」になります。それは、「**特定の取引先のみ交通費や宿泊費を負担した場合**」です。「接待交際費」にしないためには、取引先の交通費などを一律で負担する必要があります。

また新製品発表会のあとに、懇親会を開催する場合があります。その「**懇親会費用を負担した場合は、接待交際費**」になります。ただし、**会議費03**（60頁参照）に出てきた「**5000円基準が適用できる**」ので、参加者の人数をきちんと把握しておきましょう。

3 展示会への出展費用はどうなる?

自社で「新製品発表会」を行う場合もあれば、「展示会」や「見本市」などに出展する場合も

あります。「東京ゲームショウ」は、毎年ニュースにも取り上げられる有名な展示会のひとつですね。毎年20万人以上の来場者があるそうです。

こういった**「展示会の出展費用は〝広告宣伝費〟」**として経費になります。具体的には、「出展料」のほか、「展示会場で商品説明を行うコンパニオンの費用」「出展を担当する従業員の交通費や宿泊費」「お昼代」なども含まれます。

ただし、注意が必要なのは、展示会終了後の打ちあげ代です。基本的には特定の従業員だけでの打ちあげになると考えられるので、「**打ちあげ代は〝接待交際費〟**」になります。

☑新製品を知ってもらう費用は経費になる

- 取引先の交通費や宿泊費を負担した場合には、原則として「広告宣伝費」になる
- 特定の取引先のみ負担した場合には「接待交際費」、また、懇親会費用は「接待交際費」になる

人件費 6

経営者と従業員の戦いは終わらない？

Q あなたの会社の経費を、大きい順から３つ挙げなさい

どうですか。何が考えられますか？

おそらく多くの会社は、「人件費」「家賃」「広告宣伝費」などが上位にきます。特に人件費の割合は、ずば抜けて高いはずです。

会社の業績が悪くなったとき、まず人件費に手がつけられるのも、金額が大きくインパクトがあるからですね。

「電気のスイッチをこまめに消そう！」これも確かにコスト削減につながりますが、やはり、インパクトは小さいですよね。言い方は乱暴ですが、人員削減が１番即効性がありインパクトがあるのです。

このように、会社から見ると「給与」はコストです。

でも、受け取る従業員にとっては、貴重な「収入」です。

立場が違えば、モノの見方は当然変わります。

給与に不満を持っている従業員はたくさんいます。いつの時代も、転職理由の上位に「今の給与に不満」が顔を出しています。

では、そもそも人件費とはどういうものなのでしょうか？

具体的な項目は、「給与」「賞与」「アルバイト料」「法定福利費（社会保険料の会社負担分）」などが挙げられますが、これらは、ただ出社したから支払うというものではありません。「人件費とは、何らかの形で会社に貢献しているからこそ支払う」ものなのです。言い換えると次のようになります。

> 会社の目的を達成するために、その個人個人の持っている時間や能力を最大限に発揮してもらったことへの対価、あるいは、最大限に発揮してもらうことを期待して支払う費用

従業員は、会社の目的を達成するために、最大限に能力を発揮する。

経営者は、同業他社より少しでも高い給与を支払えるように経営する。

それぞれが、それぞれの役割を果たすことで、みんなが幸せになれるのです。

あなたがもらっている給与は、あなたの最大限の能力とイコールですか？　あなたが支払っている給与は、同業他社と比べてどうですか？

そんなことを考えながら、ぜひ読んでみてください。

法人
個人

人件費 01 身内に給与を支払いました 法人編

1 身内に給与を支払っても経費にならない？

株式会社を経営しています。妻や息子に従業員として働いてもらい、給与や賞与を支払っていますが、コレって経費になるのでしょうか？

！ほかの従業員と同一の支給条件であれば問題ない

中小企業の場合には、同族会社（簡単にいえば、家族経営）は普通です。経営者の妻や息子が「従業員」として働いていることはよくあります。この場合に注意すべきことは、「**勤務実態があるのか**」ということと、「**ほかの従業員と支給条件が同じであるか**」ということです。この2つの条件を満たしているのであれば、「**〝給与〟を支給して経費**」にして問題ありません。

人件費
教育研修費
消耗品費
その他
事業主関連

2 それでも、経費にならない場合がある

「従業員」としての勤務実態があり、ほかの従業員と支給条件が同一であっても問題となる場合があります。それは、会社の「**役員**」となっている場合です。この役員というのは、取締役や監査役などの形で登記されている場合はもちろんですが、登記されていなくても「**税法上の役員**」という考え方があります。これを「**みなし役員**」といいます。この「役員」あるいは「みなし役員」に該当した場合は、原則として「**給与は1年間同額**」となり、「**賞与については経費として認められなくなります**」。

3 どんな場合に、税法上の役員「みなし役員」になる？

まずは、「**経営に従事しているか否か**」です。経営に従事している場合には、役員とみなされます。では、何をもって経営に従事しているというのか？　これについては明確な基準がありません。たとえば社内の経営会議に参加している場合や、銀行との取引窓口となって融資についての権限が与えられている場合、人材の採用について権限が与えられている場合などは、「経営に従事している」と見られる可能性が高いでしょう。

あとは、妻や子どもがその会社の株主になっている場合には気をつけましょう。次のすべての条件を満たすことで「**〝特定株主〟となり〝みなし役員〟に該当する可能性**」があります。

❶本人とその配偶者の持株割合の合計が5%超であること
❷本人の属する株主グループ（親族などを含めたグループ）の持株割合が10%超であること
❸持株割合の上位3つの株主グループを合計すると50%超であり、かつその株主グループのいずれかに属していること

ただし最初に触れたように、「特定株主」になったとしても経営に従事していなければ、「みなし役員」にはなりません。

☑経営に従事しているか、いないかがポイント 法人編

- **従業員としての勤務実態があり、ほかの従業員と同一条件の支給であれば問題ない**
- **「役員」に該当した場合には、給与は1年間同額、賞与は経費にならない**

法人 個人

人件費
02 身内に給与を支払いました 個人事業編

1 身内に給与を支払っても経費にならない？

個人で事業を営んでいます。妻や息子に従業員として働いてもらい、給与や賞与を支払っていますが、コレって経費になるのでしょうか？

個人事業の場合は、経費にするための条件がある

個人事業の場合は、従業員としての勤務実態があって、ほかの従業員と同一の支給条件だったとしても、ただ支払っただけでは経費にならない場合があるので注意が必要です。

個人事業の場合は、経費にするための条件があります。その条件は、青色申告をしているのか、白色申告をしているのかで変わってきます。

2 青色申告をしている場合の条件とは？

きちんと帳簿をつけていれば、必要経費や控除の面で優遇されることがあります。その優遇を受けるための手続きが「**青色申告**」で、事前に、税務署に「青色申告」を受けたい旨の届け出を出す必要があります。

次の「**すべての条件を満たした場合、身内に支払った〝給与〟は経費**」として認められます。

❶ 事業主と財布が同じ配偶者もしくは親族であること
❷ その年の12月31日現在で年齢が15歳以上であること
❸ 1年を通じて6カ月を超える期間、事業に従事していること
❹ 「青色事業専従者給与に関する届出書」を提出していること
❺ 給与が届出書に記載した方法で支払われ、記載された金額の範囲内であること
❻ 労働の対価として相当であると認められること

個人事業の場合には会社とプライベートの区別が難しいので、「**身内への給与は原則経費にな**

りません」。わかりやすくいうと、会社とプライベートの財布が一緒だからダメということですね。つまり会社が身内に給与を支払ったとしても、財布が一緒なので財布の中でお金が移動しただけと捉えられてしまいがちです。法人に比べると経費にするための条件が厳しくなっています。

3 白色申告をしている場合の条件とは？

白色申告（青色申告の届け出をしていない人）の場合にも、前頁の❶〜❸の条件を満たす必要があります。白色申告は記帳が簡易な反面、青色申告のような優遇措置はなく、経費として認められる金額にも上限が設けられています。次のⒶⒷのうち、いずれか低い金額となります。

> **Ⓐ 従業員が事業主の配偶者の場合は86万円、配偶者以外の親族であれば1人につき50万円**
> **Ⓑ この控除を受ける前の事業所得などの金額 ÷（身内の従業員の数 ＋ 1）**

☑ ただ支払っても、経費にならない 個人事業編

- **個人事業の場合、身内への給与は原則経費にならない**
- **経費にするためには条件がある。青色申告と白色申告とでは条件が違うので注意**

法人 個人

人件費 03

決算賞与を支払いました

1 決算対策で出した賞与は今期の経費にならない？

従業員ががんばってくれたら経営者たるもの決算賞与を出したくなります。決算賞与は決算までに支払わなくても、今期の経費になると聞いたのですが、コレって経費になるのでしょうか？

今期の経費にするためには条件がある

決算対策のひとつとして、「決算賞与」を支払うというのがあります。従業員も、自分のがんばりが評価され、「賞与」という形で還元されることはとてもうれしいことですから、今後のやる気にもつながるでしょう。しかも、**「〝決算賞与〟は、今期中に支払っていなくても今期の経費になるので、節税にもつながる」**一石二鳥の対策なのですが、無条件にとはいきません。満たさ

人件費
教育研修費
消耗品費
その他
事業主関連

なくてはならない条件があります。

2 今期の経費にするための条件とは？

「決算賞与」を今期の経費にするためには、次の条件をすべて満たす必要があります。

❶ 決算賞与を支給するすべての従業員に対して、決算日までに支給額を個別に通知すること
❷ 通知した額を、通知した事業年度において経費にしていること
❸ 決算日後、1カ月以内に実際に支給すること

これらの条件を満たすことで、今期中に支払っていなくても今期の経費にすることができます。いわゆる「**未払計上が認められる**」ということですね。

3 それでも、経費にならない場合がある

右記の3つの条件を満たしたとしても、今期の経費として認められない場合があります。それが、「**支給日在籍基準**」という落とし穴です。賞与は、支給日に在籍している従業員に支払うと

いう支給日在籍基準を給与規程等で明示している会社があります。この場合には、今期中の経費にすることができません。支給日在籍基準があるということは、賞与が確定するのは、右記の❸にあるとおり、実際に支給する決算日後、つまり来期です。決算賞与の通知日から、支給日までの間に退職した従業員がいた場合には、たとえ未払計上したとしても、その決算賞与が支払われないことになるため、今期中の経費には認められないのです。

「支給日在籍基準」があっても決算賞与を支給できる抜け道

でも会社としては、支給日在籍基準は外せないということもあります。多額のキャッシュアウトをする賞与を退職者に支払うのは抵抗があるからです。そこで給与規程等の支給日在籍基準の個所を、「**賞与（決算賞与を除く）**」という記載のしかたをすることで、「**今期中の経費にすることができる**」ようになります。

決算賞与のポイント

- **節税のひとつとして、決算賞与がある。条件つきで未払いでも今期中の経費にできる**
- **「支給日在籍基準」の場合は、未払計上は認められない。給与規程などを確認する**

人件費
教育研修費
消耗品費
その他
事業主関連

法人 個人

人件費 04

外注費を支払いました 給与と外注費の基礎知識編

1 従業員とやっていることが同じ場合、外注費は経費にならない？

個人と業務委託契約を交わして、外注費を支払うことはよくあります。やってもらっている内容は従業員と同じですが、コレって経費になるのでしょうか？

！「給与」と「外注費」の違いは、超重要！

「**従業員とやっていることが同じであったとしても、外注費として問題はありません**」が、個人との業務委託契約は要注意項目のひとつです。税務調査では、「外注費」ではなく「給与」であるとして否認してくる場合が多々あります。「外注費も給与もどちらも経費、何が問題あるの？」そう思うかもしれませんが、この違いは会社の存続さえ脅かす一大事なのです。

2 消費税が課税されているか、いないか？

何が問題かというと、1番の問題はやはり「消費税」です。「外注費」となるか「給与」となるかで、納税額に大きな違いが出ます。消費税の計算方法は、原則として次のようになります。

❶売上などで預かった消費税　❷経費などで支払った消費税⬇❶−❷＝消費税納税額

「外注費」であれば、消費税が課税されます。つまり、消費税を含めて支払っていることになるので❷に該当します。一方の「給与」には、消費税は課税されません。❷に該当しないということは、「給与」をいくら支払っても消費税の納税額は少なくなりません。「**消費税の点だけを見れば、給与よりも、❷に該当する外注費として支払ったほうが有利**」なのです。経費のほとんどが人件費である場合は、何とか外注費にしようと画策する会社が多いので、税務調査で必ずチェックされるポイントになります。もし外注費が否認されて、給与になってしまったら、その「**追徴税額はかなり大きな額になる**」こともあります。会社のキャッシュフローはおかしくなり、窮地に追い込まれることも少なくないのです。

3 給与ではなく外注費にするためにはどうすればいい？

では給与にならないようにするためには、どうしたらいいのでしょうか？　まずは「**外注先と契約書があること**」が必須です。そのうえで、次の5つの要件を満たしていることが目安です。

1. **外注先は会社の指揮監督を受けない**
2. **必要な材料や用具を外注先で負担している**
3. **外注先は自分でその業務をやらなくてもいい（下請けに流すこともできる）**
4. **引き渡し前の成果物が不可効力により滅失した場合には、外注先は報酬を請求できない**
5. **外注先が報酬を計算して、会社に対して請求している**

☑ 給与と外注費の違いは超重要

- ◉ 外注費にすれば消費税の節税につながるが、節税のために形だけの外注費は危険
- ◉ まずは実態がどうなのか5つのポイントを確認する

人件費05 外注費を支払いました 一部を「給与」、一部を「外注費」編

1 一部を「給与」、一部を「外注費」として支払うのは経費にならない？

営業マンの報酬が、「固定給＋成果報酬」となっていることがあります。「固定給」部分は給与、「成果報酬」については外注費とした場合、コレって経費になるのでしょうか？

残念ながら、明確な基準がない！「給与」か「外注費」か？

この問題は、ある意味「永遠のテーマ」です。税務調査でも必ずもめる問題といってもいいでしょう。「こうなったら外注費！」という明確な基準があればいいのですが、残念ながらありません。前節の人件費04で取り上げた要件を考慮しながら、「**実態として"外注費"であることを証明できることが大切**」です。

2 「給与」になってしまうケースとは？

明確な基準がないものの、「給与」となってしまうであろうケースも考えられます。それは、「〝**報酬**〟と〝**業務遂行のために必要な旅費**〟が**区分されて支払われている場合**」です。この場合は、次のようになります。

> ❶ **業務遂行のために必要な旅費部分 ⇓ 旅費交通費**
> ❷ ❶**以外の部分 ⇓ 給与**

旅費を会社が負担しているということは、「**通勤手当を支給している従業員と同じ**」という考え方になるということです。なお❶については、通勤手当と同じで所得税が非課税となります（**旅費交通費07** 146頁参照）。

3 「給与」と「外注費」になるケースとは？

右記以外の場合で、その報酬が「**固定給**」と「**固定給以外**」に分かれている場合は、次のようになります。

❸ **固定給部分 ⇓ 給与**
❹ **❸以外の部分 ⇓ 外注費**

なお、「固定給」部分が「前月の業績によって増減する」場合は「固定給」に該当しません。**「固定給が増減する場合には、全体が〝外注費〟**となります。

❶〜❹以外の場合には、業務遂行のための旅費などの負担状況を総合的に勘案して、「給与」と「外注費」を判断することになっています。「**毎月定額の給与を支払い、それ以外に営業成績に応じた報酬を支払っている場合には、注意が必要**」です。

☑ 実態だけでなく、支払形態も重要

◉ **「従業員」と「外注先」の中間のような存在がいる場合、まず対象者の実態を把握する**
◉ **明細書のつくり方も気をつける。「固定給」「旅費」「成果報酬」の区別を明確にする**

法人 個人

人件費 06

何もしない非常勤役員に給与を支払っています

1 名前だけの役員の給与は経費にならない？

お世話になった人を、名前だけの役員にしています。名前だけなので、もちろん仕事はほとんど何もしていませんが、毎月給与を支給しています。コレって経費になるのでしょうか？

高額な給与は否認される

現在は取締役1名でも会社を設立することができますが、最低でも取締役3名、監査役1名を必要としていた時代もありました。その場合、設立のために名前だけを借りる場合もあり、そのまま「**非常勤役員**」として会社に残っている場合も多くあります。

非常勤役員であったとしても、会社に何かあれば責任問題は発生します。問題が発生したときに「非常勤だから……」「名前だけだから……」という言い訳は通じません。非常勤役員であったとしても、引き受けた以上、リスクは覚悟しなければならないのです。

そう考えれば、何もしない場合であっても「**一定の報酬が発生しても問題ありませんが、高額な場合には税務調査で問題になる**」ので注意が必要です。

2 では、いくらなら問題ないの？

非常勤役員にいくらまで支払うことができるのか？　残念ながら、これも明確な基準はありません。過去の裁判事例では、月額３００万円を支給していたケースが争われたことがありますが、この場合には、月額15万円までが経費として認められました。さすがに月額３００万円というのが高すぎるのはわかりますが、じゃあ月額20万円はどうなのか、月額50万円はどうなのか？　この線引きは難しい問題です。しかしながら、「**勤務実態のない名前だけの役員であれば、月額10万円前後が税務調査でもめないライン**」です。また、名前だけの非常勤役員であったとしても、決算後の状況説明や重大な事案を決定する際などは、声掛けするなどして名ばかりの関係にならないようにしましょう。

税務調査が入った場合、会社に顔を出してもらえるかもらえないかで大きく印象が変わります。

日ごろから関係をつくっておくことで、非常勤役員として仕事をしてもらえるようにしておきましょう。

3 退職してもらうのもひとつの手（事業主関連04：260頁参照）

現在、会社は取締役1名でも問題ありません。ある意味、名前だけの非常勤役員は必要なくなったといえます。もし、その非常勤役員が会社に対して影響力もなく貢献度も低いのであれば、思い切って退職してもらうことを検討してみましょう。「**退職金という一時的なコストは発生しますが、意味のないキャッシュアウトを続けるよりも、会社のため**」になります。ただし、お世話になったことへの礼儀を欠いてはいけません。筋道を通して事を進めるようにしましょう。

☑ 非常勤役員への給与も経費になる

- 名前だけの役員であったとしても、責任を負っているので報酬を支払うことは認められる
- 高額な給与は否認される。名前だけの役員であれば、月額10万円前後が限界

人件費
07

愛人に給与を支払っています

1 愛人に支払っている給与は経費にならない？

自分の秘書として雇っていることにして、愛人に給与を支払っています。源泉徴収もして、税金も支払っているので問題ないと考えていますが、コレって経費になるのでしょうか？

! 勤務実態がないのに支払っていれば、もちろん問題になる

この手の相談を受けることが、〝たまにですが〟あります……。その際の言い訳として、「税金を支払っているから問題ないよね」というのが意外に多いのですが、そういう問題ではありません。給与は、原則として「**勤務実態が必要**」です。「**愛人であっても、勤務実態があるのであれば給与を支払っても問題ありませんが、〝形だけの従業員〟であればもちろん給与としては認め**

られない」のです。税務調査が入った場合に、もし勤務実態を証明できなければ、経費として認められないばかりか、「**〝架空人件費〟という重い罰則が待っている**」ことを忘れないでください。

また、今後はマイナンバーの影響もまぬがれることができません。その愛人がほかの会社でも働いていたりすると、勤務実態の証明がますます難しくなります。

2 どうしても愛人に給与を支払いたいときの秘密の方法

愛人をつなぎとめておくために、どうしても給与を支払いたい、いや支払わなければならないという人も中にはいるかもしれません。その場合には、「**仕事をがんばって自分の給与を増やし、ポケットマネーで支払う**」しかありません。

また、個人事業主の場合には自分に給与を支払うことができないので、愛人と業務委託契約を交わして、委託料として支払うことを考える人がいますが、「**〝業務委託費〟は、税務調査では目をつけられるもののひとつ**」です。形だけの業務委託契約を交わしても、実態が伴っていなければ当然否認されます。こちらの場合も、「架空人件費」同様に、重い罰則が待っています。

3 非常勤だったらいいのか？

では、勤務実態があまり問題にならない非常勤役員だったらいいのでは？　と考える人もいるかもしれません。確かに非常勤役員であれば、勤務実態の問題などは解消されやすいかもしれませんが、この場合は役員として登記しなければなりません。関係がいいときは問題ないかもしれませんが、いつまでもいい関係が続くとはかぎりません。もともとが不都合な関係ですから、どこでどうもめるのか、爆弾を抱えているようなものです。「**一時の感情で、安易に役員にするのはやめたほうが無難**」です。

また、関係が終わったときに、手切れ金代わりに「退職金」を支払うということもあるかもしれません。退職金は、額が大きくなることもあり、税務調査が入った場合には、必ず調査対象のひとつになります。きちんと説明できる人材であるのかないのか？「**勤務実態のない愛人の場合は否認リスクが常につきまとう**」ということを頭に入れておきましょう。また、気づかれていないと思っているのは本人たちだけで、社内の空気が悪くなっていることもお忘れなく。

☑ 不都合な関係は会社に持ち込まない

- **勤務実態があるか否か。勤務実態があれば給与を支払っても問題ない**
- **勤務実態がないのであれば、給与の支払いはやめるべき。ポケットマネーで支払うこと**

「アイドルと会社員は同じ」ってホント？

アイドルのオーディションに合格するのは、「歌は歌えない」「踊りは踊れない」子が意外と多いそうです。現時点のスキルはそれほど重要ではなく、やる気だったり、目の輝きだったり、あるいはその逆で、何か陰があったり……、スキル以外の惹きつける何かが重要なポイントなんですね。これは裏を返せば、スキルは合格後のレッスンでいくらでも伸ばせるということです。

このアイドルオーディションの考え方は、ビジネスの現場でも起こっています。「曲がった枝を矯正するよりも、最初からまっすぐな枝を選ぶ」

これは、「スキル」よりも「素直さ」のほうが人材採用では大切であるという例えです。スキルは採用後の教育でいくらでも伸ばせますが、素直でない人を素直にさせるのはそう簡単ではありませんよね。だからといって、スキルが不要というわけではないのですが……。

産労総合研究所が発表している「教育研修費用の実態調査」では、1人あたりの教育研修費用は増加傾向にあり、2015年度の予算額は、前年比15.2%増の4万7,170円だそうです。増えているとはいえまだまだ欧米の3分の1程度。優秀な人材の育成、確保はどこの会社にとっても課題ですから、「教育研修費」は今後も伸びていくことが予想されます。

「教育研修費は、会社にとって戦力になる人材を育てるための費用」です。ちなみに「教育研修費の定義」を具体的にすると、次のようになります。

> ビジネス全般に関係する基本的なマナー教育から、今現在の業務に関係のある専門的な技能や技術の習得、あるいは、同じ目的に向かうための考え方の研修、または将来の業務につなげるための先行投資としての教育まで、戦力となる人材を育成するための費用

誰もが知っている大企業であれば、放っておいてもいい人材が集まるかもしれませんが、中小企業ではなかなかそうもいきません。いい人材を「集める」ことも大切ですが、いい人材に「育てる」ことも大切なのです。最近では、「研修制度が充実していること」が会社選びのひとつの条件になっています。スキルアップできる会社であるか否か？　働く人の意識も変わってきているのです。

法人　個人

教育研修費 01

英会話教室に通っています

1 英会話教室の授業料は経費にならない？

現時点ですぐに英会話が必要ではなくても、将来を見据えて、従業員が英会話教室に通うということもあります。コレって経費になるのでしょうか？

！ 必要性の有無を証明できるかがカギ

仕事とまったく関係のないものを会社で負担して、それを経費にするというのはやはり難しいと考えるべきでしょう。しかしながら、今の世の中で英会話が不要であるという業種はほぼないといっても過言ではありません。一見、日本語だけが必要と思える日本の伝統芸能や伝統工芸の業界であっても、海外とのやり取りは出てきています。たとえば、落語の世界でも、「英語落語」

に取り組んでいる噺家《はなしか》さんもいらっしゃいますよね。英会話ができるようになれば、マーケットが広がることはあっても狭まることはまずありません。「**どんな業種であったとしても、英会話教室の授業料は〝教育研修費〟**」として経費にすることは問題ないでしょう。

2 オンライン英会話教室の注意点は？

インターネットを介して行う英会話教室があります。手軽かつ料金も安いということで、利用者が増えています。ネットの英会話教室は講師が海外にいることがあります。今までは消費税が課税されていなかったのですが、平成27年10月以降は消費税が課税されるようになりました。処理が複雑になるので、海外とのオンライン英会話教室で勉強している場合には、顧問税理士など専門家に相談するようにしましょう。

3 もし、会社で負担してくれないなら…

業務で英会話が必要になった場合でも、授業料を会社が負担してくれない……、そんな会社もあるかもしれません。その場合には、「**特定支出控除**」を検討しましょう。サラリーマンの必要経費として、次の金額を税金の課税対象から減額することができます。

英会話教室の授業料 − ❶ ＝ 課税対象から減額される金額

❶：その年中の給与所得控除額 ÷ 2（平成28年分以降）

※ 給与所得控除額は給与収入に応じて決まっています。

なお、**「〝特定支出控除〟を受けるためには、会社が発行する証明書を添付したうえで、確定申告をすることが必要」**です。給与所得控除額や、会社が発行する証明書のフォーマットも国税庁のホームページから簡単に手に入れることができます。

☑ **英会話が不要な業種はない**

- 英会話ができることでマーケットが広がるので「教育研修費」として経費にできる
- もし会社で負担してくれない場合は、従業員個人の「特定支出控除」を検討する

法人　個人

教育研修費 02

運転免許や個人の資格、MBAを取得するためにいろいろと通っています

1 個人に帰属する資格は経費にならない？

地域柄、車による移動が多く、運転免許が必須な会社もあります。入社後に、免許取得のために通っている教習所の費用を負担する場合、コレって経費になるのでしょうか？

！実際の仕事でどれくらい使うのかが問題

「とりあえず免許取っておいてよ。何かあったときに運転してもらうから」この程度であれば、**「全額〝教育研修費〟として経費にするのは難しい」**です。言わずもがな、運転免許は個人に帰属する資格です。その会社を退職後も、運転免許は有効です。「何かあったときに」レベルなら、費用の一部は従業員に負担してもらいましょう。負担のしかたは、従業員

に実際にお金を入れてもらう方法と、従業員の「給与」として、源泉徴収をする方法が考えられますが、「**一般的には〝給与〟**」とするほうが多いようです。

これに対して、「配送業務をやってもらうから、免許を取得してもらう」とか、「営業として車で外回りをする」など、実際の業務で使うのであれば「**全額〝教育研修費〟として差し支えない**」でしょう。

2 自動車運転免許の更新費用は経費になる？

自動車の運転免許は一定期間ごとに更新が必要です。その更新に際しては、更新費用がかかりますが、これは原則「**個人負担**」になると考えましょう。会社が負担した場合には「**給与**」となり、源泉徴収の対象となります。ただし、運送業や配送業務の担当者など、「**業務上、免許が必要不可欠な者に対する更新費用であれば、〝旅費交通費〟などにしても差し支えない**」でしょう。

3 MBAの取得費用は経費になる？

自動車運転免許以外にも、ボイラー技士や衛生管理者、クレーン運転士や危険物取扱者など、個人に帰属する資格であっても仕事に必要なものであれば、その取得費用は「**教育研修費**」として経費にすることができますが、判断が難しいのは「学位取得」です。

MBAなどの学位取得を目指す人も増えてきていますが、「学位取得」が仕事に直接関係しているといえるのか？　この判断が難しいところだと思います。たとえば、コンサルティング業務を展開するために、MBAの取得を目指すというのはあり得ると思います。正確にいうとMBAの学位取得が目的ではなく、コンサルティングを学び、仕事につなげることが目的です。仕事に必要であれば、「**教育研修費**」として経費にしても差し支えないでしょう。ただし、過去の判例では、「仕事に関係ない」と認定され、否認されている事案もあるので慎重に検討しましょう。「**どちらか微妙な場合には、全額経費ではなく、一部だけでも従業員の〝個人負担〟とする**」ようにしましょう。

☑ 個人に帰属する資格取得費用のポイント

- **個人に帰属する資格であっても、業務に必要であれば経費として認められる**
- **自動車運転免許の更新費用は、原則「個人負担」。業務上必要な者にかぎり経費にできる**

法人　個人

教育研修費 03 従業員に好きな講座を受けてもらっています

1 研修だとしても、好きな講座を受けたのでは経費にならない？

研修といえば、ほとんどが「会社命令」だと思いますが、コレだと、いやいや研修を受けているというのもなきにしもあらずで、研修効果が薄い場合があります。そこで、自分が学びたいもの、好きなものを選べる研修制度を取り入れる会社もあります。コレって経費になるのでしょうか？

⚠ 好きな講座を受講できるのであれば問題あり

従業員が好きな講座を自由に選んで受講するのであれば、無料で受けさせるのは問題があります。「**好きな講座を選べるということは、極端な話、お金を渡したのと同じこと**」になるからです。

従業員の「**給与**」として、源泉徴収が必要になると考えましょう。

しかし、「必ずレポートを提出させて、業務改善などにつなげる」といった、条件つきで受講させるのであれば、まったく仕事と関係ないわけではありません。受講料全額ではなく、「**一部〝個人負担〟あるいは一部〝給与〟**」で問題ないでしょう。

これが「**〝業務命令〟であれば、もちろん全額〝教育研修費〟**」でかまいません。「この講座を受けて、改善点をまとめること」となれば、講座を選ぶ自由度も欠席する自由度もなくなり、業務のひとつとして成立します。

2 自社で行う研修に、取引先を招待した場合はどうなる？

自社で行う研修に取引先の従業員を無料で招待した場合には、「**通常の授業料相当額が〝接待交際費〟**」となります。有料であったとしても、通常の授業料に比べて低額で提供した場合も「接待交際費」の問題が出てきます。

ただし、この場合の「低額」は、「著しく低額」の場合にかぎります。この「著しく低額」の「著しい」については明確な基準がないのですが、「**通常の値引きの範囲を超えている場合には、〝著しく低額〟に該当する**」と考えましょう。単なる値引き販売ではなく、その取引先だけの特別価額で提供した場合には、「**通常の授業料と特別価額の差額が〝接待交際費〟**」になります。

3 サービス券による値引きも接待交際費になるの？

受講生獲得のために、雑誌や新聞折り込み広告、ホームページ上で「サービス券」を提供している場合があります。その「サービス券」を持参すれば10％オフで授業が受けられるといったものが、カルチャースクールにかぎらず、飲食店やアパレルショップなどにもありますよね。この「サービス券」による値引きは、不特定多数の人に対する通常のものとなるので、「**〝接待交際費〟には該当せず、単なる〝値引き販売〟**」となります。

☑ 好きなものを選べる研修制度のポイント

- **好きなものを選べるのであれば、お金をあげたのと同じ。つまり「給与」に該当する**
- **レポート提出など、条件つきで受けさせるのであれば、一部従業員負担で差し支えない**

人件費
教育研修費
消耗品費
その他
事業主関連

消耗品費　8

「“ヒ”がつくか、つかないか？
たったそれだけで大きな違いになる」ってホント？

世の中には、“ヒ”がつくことで、意味がまったく変わってしまうものがあります。

たとえば、野球でヒットを“打つこと”を「安打」といいますが、これに“ヒ”がつくと、「被安打」となり、ヒットを“打たれたこと”になります。ほかにも、昔は大金持ちだけが心配すればよかった「相続税」。

最近は増税傾向にあり、誰もが心配しなければならない時代になっていますが、財産を相続する人を「相続人」これに“ヒ”がつくと「被相続人」となり、亡くなった人になります。

実は、ここで紹介する消耗品費もそうなんです。

もともとは「消耗品」という「資産」になります。それに“ヒ”がつくことで、「消耗品費」という「経費」になるのです。

では、具体的にはどういう違いがあるのでしょうか？

ボールペンで考えてみましょう。「ボールペンを買ってきた」ときは「消耗品」という「資産」になります。「ボールペンを使った」ときに「消耗品費」として「経費」になるのです。

つまり買ってきたときは、ボールペンという「モノ」なのですが、それを事業活動に使うことで売上収入との対応関係が生まれ、経費にすることができるということですね。

ただし、ボールペンなどは金額的にも少額で、毎年同じぐらい使うものなので、便宜上、買ったときに「経費」にすることが認められています。ほとんどの会社で、購入時に「消耗品費」にしています。

消耗品費は、もともと「消耗品というモノ」です。そう考えると、消耗品費の定義は次のようになります。

> 消耗品には、ボールペンや消しゴムなどの事務用品から机やイス、プリンターやパソコンといった事務機器など、目に見えるモノが該当しますが、これらのうち事業活動で使ったモノ、あるいは金額基準で使ったとみなされたものが消耗品費

あなたのオフィスを見渡してみましょう。

どんな「消耗品」が目に入りますか？　そして、それらには“ヒ”がついているのでしょうか？　ちょっと考えながら読んでみてください。

消耗品費
01

ボールペンやファイル、手袋やタオルを大量に買いました

1 1度に大量に買った消耗品は経費にならない？

ボールペンやファイルなどの事務用品や、手袋、タオル、ダンボールといった作業用品を安く購入するために、1度に大量に買うことがあります。コレって経費になるのでしょうか？

棚卸しは儲けを考えるうえで重要な作業

「本日は棚卸しのため臨時休業いたします」こんな貼紙を見たことはありませんか？「お店を休んでまでやる〝棚卸し〟ってそんなに大切なものなのかっ！」子どものころよく思ったものです。売上と経費は対応しなくてはいけません。商品で考えれば、「**売れた分だけ経費にする**」ということですね。「**売れ残った分は、売上と対応していないので、商品が売れるまで経費にすること**

とができない」のです。ここで棚卸しの出番です。売れ残った個数を数えて来年に回すという作業が必要になります。ボールペンやファイルなど大量に買った消耗品も、「**未使用であれば売上をあげるために貢献していないので、棚卸しをするのが原則**」です。

2 でも、棚卸ししなくていいものがある！

棚卸しをするのが原則ですが、棚卸しをしなくてもいいものもあります。それが、今回のケースであるボールペンやファイルなどの事務用品や、手袋、タオル、ダンボールといった作業用品です。これらは「**金額的にそれほど高額ではないこと、いつでも買える重要性の低いモノであることから、本来の厳密な処理をしなくてもいい**」ことになっています。これを「**重要性の原則**」といいます。「**〝重要性の原則〟を適用した場合には、購入時に全額経費にしていいので、棚卸しをする必要はありません**」。

3 ただし、条件がある

事務用品や作業用品など、金額的に高額ではなくいつでも買えるモノは棚卸しをしなくてもいいのですが、条件があります。それが次の3つです。

❶ 毎年だいたい同じ量を購入していること
❷ 毎年継続的に使っているものであること
❸ 毎年購入時に経費にしていること

「**この条件を満たしているときには、面倒な棚卸しをする必要がなく、購入時に全額経費にすることができる**」のです。勘違いしてほしくないのは、「棚卸しをしない＝いい加減に管理していい」ということではありません。在庫管理をする手間と、購入するモノの金額を考えて、どこに手間暇をかけるべきかを考えているのです。

本来は棚卸しすべきなのです。でも、「重要性が低いものについては、手間暇かけて在庫を数えるのは効率的ではないので、その時間を違うことに使ってもいいよ」ということです。

☑ 重要性が低いものは簡便法を適用できる

- 「利益＝売上－経費」この売上と経費は対応させる必要がある。原則は棚卸しが必要
- それほど高額ではない、いつでも買えるものは、棚卸しをしない方法を選択できる

人件費
教育研修費
消耗品費
その他
事業主関連

法人 個人

消耗品費 02

作業着として、ブランド物の服を買いました

1 ブランド物の服を作業着にするのは経費にならない？

美容院の場合、カラー材やパーマ液などを使うので、どう気をつけても服が汚れてしまいます。そこで従業員に作業着を支給しているお店もたくさんあります。仕事柄、イメージも大切なので、どんな服装でもいいというわけにはいきません。ある程度見栄えのいいものである必要があります。そこで、作業着にブランド品を支給しているのですが、コレって経費になるのでしょうか？

！ 業務以外で着用しなければ「経費」として認められる

従業員に対して制服や作業着など、「**衣服を支給した場合には、原則〝給与〟**」となり、源泉徴収の対象となります。しかし、作業着としての必要性があり、勤務場所において着用する、つま

り「**業務中にのみ着用するものであれば〝消耗品費〟として経費で認められる**」ことになります。美容師など作業中に服が汚れることが必然の仕事であれば、作業着の必要性があるといえるでしょう。また「**見た目も売上をあげる要素のひとつと考えられることから、ブランド服でも差し支えない**」でしょう。ただし、あくまで業務で着用するものなので、そのまま着て帰ったりしないように注意しましょう。

2 「服装手当」など、金銭での支給は認められない

経費にするためには、制服や作業着などの現物を支給しなければなりません。「**〝服装手当〟などの名目で金銭を支給した場合には〝給与〟**」となり、源泉徴収が必要となります。また「**従業員が好きなものを買ってきて、あとから精算するという形も〝給与〟となる**」ので気をつけましょう。あくまでも会社側が選んで、現物支給としてください。

3 どこからが制服？　どこからが作業着？

以前、大阪市の職員に対するスーツの支給が問題になったことがあります。一般的な社会人であればスーツ着用はあたりまえであり、スーツは制服と同じものといえるという考え方で「給与」

にしていなかったわけですが、これが「**現物給与**」とされ否認されました。当時はニュースでも大きく取り上げられたので、まだ記憶に新しいところかもしれません。このケースは単純にスーツを支給したわけではなく、胸ポケットのフタ部分に「**Osaka City**」の刺繍を入れていました。この刺繍をもって制服であると主張したのですが、刺繍の入ったフタ部分を内側に入れることで、簡単に隠せる仕様となっていました。内側に入れることで、普通のスーツとして業務以外でも着用できるということが否認のポイントになったのです。「**経費にするための条件は〝業務以外で着用できない〟**」ことです。これが証明できるかどうかが大切ということですね。

また、スーツについては、会社の支給がない場合には、**教育研修費01**（202頁参照）でも触れた「**特定支出控除**」を検討しましょう。ハードルは高いですが、サラリーマンの必要経費として、スーツ代が認められる場合があります。

☑ **業務中しか着ないものが作業着**

> ◉ **衣服の支給は原則「給与」となる。しかし、業務以外で着用できなければ経費になる**
> ◉ **「服装手当」など金銭での支給は「給与」。経費にするには「現物支給」が原則**

法人 個人

消耗品費 03

従業員と在宅勤務者にタブレット端末を支給しています

1 いつでもどこでも仕事ができるタブレット端末の支給は経費にならない？

タブレット端末は、パソコンに比べ軽量で持ち運びに便利、しかも、値段もそれほど高くないことから、従業員に支給しています。わざわざオフィスに戻らなくても、タブレット端末を持っていれば、いつでもどこでも仕事ができるので効率化にも役立っています。コレって経費になるのでしょうか？

⚠ タブレット端末の支給であれば「給与」、貸与であれば「経費」

「ノマドワーカー」という言葉ができるぐらい、コンビニ、カフェ、飲食店などでは、**Wi-Fi**などの通信環境が整っているところが増えました。端末さえ持っていれば、どこでも仕事ができる時代になり、忙しい現代人はますます忙しくなっています。仕事の効率化などを考えてタブレット端末を支給する会社も増えていますが、「**タブレット端末の支給は、原則として〝給与〟**」となり、源泉徴収の対象となります。「**貸与であれば会社の所有物となるので〝消耗品費〟**」として経費で認められます。

2 在宅勤務の経費ってどうなる？

「ノマドワーカー」と同じく「在宅勤務」というのも増えていますね。会社に出社しなくても、メールのやり取りや、インターネットによるデータのやり取りでの仕事が認められれば、通勤時間がなくなり、時間の有効活用にもつながります。従業員にとってはいいことだけかと思いきや経費の問題が出てきます。会社で仕事をしていれば、通信費や電気代などはもちろん会社の経費になりますが、「在宅勤務」の場合には通信費や電気代などはその従業員の自宅で発生するため会社の経費とはなりません。そこで自宅で発生した経費のうち、業務で使った部分を経費精算するということになりますが、実はそう簡単ではありません。経費精算するためには、業務で使われたことを証明する必要があります。たとえば、電話代であれば発信先明細サービスなどを利用して、業務に使ったことを証明しなければならないのです。証明できれば「**通信費**」や「**水道光**

熱費」など、該当する項目で経費にすることができますが、もし証明できないお金を会社で負担してしまった場合には、「**給与**」となり、源泉徴収の対象となります。

3 「在宅勤務」の経費精算は、現実的には「手当」の支給が妥当

「在宅勤務」の経費精算は、業務で使ったことを証明する必要がありますが、現実的にはなかなか難しいものです。たとえば、電気代であればいくらが業務用なのか？　自宅用と業務用でメーターを分ければ明確ですが、これは現実的ではありませんよね。そこで業務用の実費精算ではなく、「**〝通信費手当〟〝在宅経費手当〟など、〝手当〟という形で、毎月定額を支給する**」会社もあります。この場合は、「通信費」や「水道光熱費」として経費にすることはできず、「**給与**」となり、源泉徴収の対象となるので注意が必要です。

☑ ノマドワーカー・在宅勤務のポイント

- **タブレット端末の支給は「給与」となる。貸与であれば「消耗品費」などの経費になる**
- **「在宅勤務」の経費精算には、業務用の証明が必要。「手当」の支給は「給与」となる**

「経費金額の80%を占めているのは、上位20%の経費項目」という意味

「人件費」のところで出したクイズを覚えていますか？

「あなたの会社の経費を、大きい順から3つ挙げなさい」

多くの会社は、「人件費」「家賃」「広告宣伝費」などが上位にくるという話でした。では次に、経費全体に占める各経費の金額割合を出してみましょう。

おそらく、「経費金額の80%を占めているのは、上位20%の経費項目」になっているのではないでしょうか。これが有名な、「80：20の法則」「パレートの法則」と呼ばれるものです。

パレートの法則の例としては、「仕事の成果の80%は、費やした時間の20%から生まれる」「売上の80%を占めているのは、20%の製品、20%の顧客である」など、投入と産出、原因と結果、努力と報酬の間にはどうにもできない不均衡があり、その不均衡の割合は、おおよそ80：20になるという法則です。

人件費のところでもお話ししましたが、リストラが行われるときに、まず人件費に手がつけられるのは、上位20%の経費項目に人件費が入っているためです。上位20%の経費項目で、経費金額全体の80%の金額を占めているわけですから、そこに手をつけるのがいかに効果的であるかがわかると思います。

では、残り80%の経費項目は重要でないのかというと、もちろんそんなことはありません。経費を考えるうえでは、残り80%の経費項目のほうが、みなさんが判断しなければならないことが実は多いのです。

ここでは残り80%の経費項目のうち、「その他一般管理費」に着目していきます。残り80%の経費項目は、大きく「販売費」と「一般管理費」に分けることができますが、「販売費は文字どおり売るためにかかる費用」で、広告宣伝費などがあります。

「一般管理費は会社全般に関わる経費」となり、「役員報酬」や「事務所家賃」「水道光熱費」「会社の税金」などが該当します。ここでは、これまでに登場しなかったものを「その他」として、「その他一般管理費」を取り上げます。

一般管理費は、項目数がとても多いのですが、ここで登場する「考え方」を身につけることで、いろいろな経費に対応できると思います。

ぜひ、経費にするための「考え方」を意識して読んでみてください。

法人　個人

その他
01

業務に直接関係のない雑誌・マンガを購読しています

新聞図書費

1 業務に直接関係のない雑誌やマンガは経費にならない？

情報収集のひとつとして、専門誌や業界新聞だけではなく一般の新聞や雑誌、マンガも購読していることがあります。仕事に関係のあるものもあれば、まったく畑違いのものもありますが、あくまでも仕事においての情報収集が目的です。コレって経費になるのでしょうか？

畑違いのところからアイデアが生まれることもある

専門分野の勉強や研究をすることはとても大切ですが、それだけでは視野が狭くなってしまいます。専門分野以外のことにも興味を持って勉強したり研究したりすることで、新しいアイデアや問題点の解決につながることがあります。したがって、専門分野以外の雑誌であっても、「**新**

人件費
教育研修費
消耗品費
その他
事業主関連

聞図書費」などの経費として認められます。またマンガだからといって、経費にならないわけではありません。マンガであっても情報としての価値は変わらないからです。ただし、「**個人的な所有ではダメ**」です。「**従業員がいつでも読めるようにしておく**」ことがポイントです。

2 電子書籍やアプリでの購読はどうなる？

Amazonの**Kindle**や楽天の**Kobo**といった電子書籍端末の普及に伴い、電子書籍市場も伸びています。最初は違和感のあった電子書籍の画面も、今では紙の本を読むかのように普通に読めるようになってきました。やはり人間は慣れる生き物なのですね。特に出張時などはとても便利です。紙の本を何冊も持っていくのは大変ですが、電子書籍であれば、端末ひとつで何冊も持っていくことができます。ということで、電子書籍やアプリで本や雑誌を買う人も増えてきましたが、「**個人所有の端末で購入した場合には、会社の経費にできない**」と考えましょう。あくまで会社の経費とするためには、誰もが読める状態であることが必要だからです。「**会社所有の端末で購入したものであれば、もちろん経費**」にすることができます。

3 定期購読している場合の注意点

業界新聞や雑誌などを定期購読している場合もあると思います。定期購読の多くは、「年払い」となっていますが、この取り扱いには注意が必要です。

どういう場合に注意が必要かというと、年払いの契約期間が、決算日をまたいでいる場合です。

決算日をまたいでいる場合には、「**決算日までと決算日以降で期間按分して、それぞれの期間で按分した、それぞれの金額を経費にする**」ようにします。また、たまに「**短期前払費用**」が適用できると勘違いして、決算対策で定期購読をしているケースがありますが、これは間違いです。「短期前払費用」というのは、「支払った日から1年以内に役務の提供を受けるものについて、その支払った日に経費にできる」というものです。簡単にいうと、決算日に、来年の定期購読料を支払ってしまえば、今年の経費にできるということですが、残念ながら定期購読には、「短期前払費用」は適用できません。決算対策にならないので注意しましょう。

☑ 直接関係がなくても経費にできる

- **業務に直接関係がなくても経費にできる。専門分野以外からでも得るものはある**
- **電子書籍などの場合は、誰の端末かが重要。個人所有であれば、原則「個人負担」となる**

その他 02 舞台を観に行きました

教育研修費
福利厚生費

1 舞台の観劇は経費にならない？

接待以外の目的で舞台を観に行きました。もちろん舞台自体も楽しんだのですが、目的は舞台装置を研究するためでした。税務調査で個人的な支出なのでは？　と指摘されそうですが、業務上必要なことなのでやっぱり経費にしたいところです。コレって経費になるのでしょうか？

！舞台を観ることが業務に役立つのなら

今回のケースであれば、「舞台装置を研究する」という目的で鑑賞しているので、チケット代は「**教育研修費**」として経費にすることが認められます。しかし、税務署の見方は違います。舞台鑑賞という段階で、「遊びじゃないの？」という目で見てきます。怪しまれるのは最初からわかっているので、参考になった点や気づいた点などをレポートにまとめておきましょう。あるいは、レポートという形式にこだわらず、舞台のパンフレットなどに、鑑賞中にメモを取るなどして、「**研究した証拠を残しておく**」ようにしましょう。

2 取引先が関与している舞台を観に行ったら？

取引先が関与している舞台に応援の意味も込めて観に行くことがあります。いわゆるお付きあいです。この場合のチケット代は経費として認められますが、そのチケットの買い方によって、どの経費になるかは違ってきます。

純粋にチケットを買って、応援目的で観に行った場合には、「接待交際費」以外の経費にしたいところですが、やはり「**取引先が関与しているから観に行ったというのがあるので接待交際費**」になると考えましょう。

「接待交際費」以外の経費にするためには、「取引先が関与していなくても観に行く理由」が必要です。たとえば、先ほどの「舞台装置の研究」など別の目的があれば、「教育研修費」などの経費にすることもできますが、ほかの経費にするのは、現実的には難しいでしょう。

また、取引先からチケットを買わされる（？）ということがあります。この場合は「接待交際費」としての経費になりますが、どうせ買わされるのであれば、福利厚生のひとつとして、従業員分購入して、みんなで観に行くという方法もありだと思います。「**全従業員が対象であれば〝福利厚生費〟**」として経費にすることができます。

3 取引先に配った場合はどうなる？

「**チケットを購入して、取引先に配った場合には〝接待交際費〟**」としての経費になります。

取引先といっても、保険代理店のセールスマンのように、自社専属のセールスマンの場合には、取り扱いが少し変わります。「**専属のセールスマンであれば従業員と同じ扱いになるため、年に1度ぐらいの観劇招待であれば、〝福利厚生費〟**」として経費にすることができます。またこの場合のセールスマンはどこかの会社に属している従業員ではなく、「個人事業主」でなければならないので、その点も気をつけてください。

☑ 鑑賞のしかたで経費の項目が変わる

- **鑑賞する目的によっては経費になる。研修目的であれば、レポートなどを残す**
- **取引先など関係者の参加する舞台鑑賞であれば、原則「接待交際費」として経費になる**

法人　個人

その他
03

携帯電話（スマホ）を個人で契約しています

通信費

1 個人で契約している携帯電話代は経費にならない？

従業員の個人契約の携帯電話やスマホを仕事にも使ってもらうことはよくあります。会社用の携帯電話やスマホを支給することも考えられますが、2台持ち歩くことの負担や使い慣れた個人の携帯電話を使ったほうが効率的なことを考えると、会社では携帯電話を支給せずに、個人契約の携帯電話の費用を負担するということのほうが現実的です。コレって経費になるのでしょうか？

❗ 仕事に使った分は「通信費」として経費になる

個人契約の携帯電話やスマホであっても、仕事に使った分であれば「**通信費**」として経費にすることができます。問題となるのは、「仕事に使った分をどう証明するか」ですが、「**通話明細サービスなどを利用して、仕事用とプライベート用を明確にする**」のがいいでしょう。通話料以外の基本料金なども、その通話明細の比率で按分して、仕事用の金額を経費にすることができます。

最近は「かけ放題」プランなども存在するので、通話料自体は一定であるケースもありますが、仕事用とプライベート用の比率は毎月一定ではありません。「通話明細サービス」などを利用して、仕事用がいくらになるのかは明確にしておいたほうがいいでしょう。

2 手当での支給は「給与」になる

「通話明細サービス」などを利用して、「**仕事用を明確にしての実費精算であれば〝通信費〟**」として経費にすることができますが、実費精算ではなく、「通信費手当」などの名目で毎月1万円を支給したりする場合は「**給与**」となり、源泉徴収の対象となるので注意が必要です。

3 社長の自宅の固定電話料金はどうなる？

「社長になれば、楽ができる！」そんな風に思っている社長であれば、その会社の先行きは暗いといえるでしょう。言わずもがな、社長は会社の命運を、従業員の生活を背負っています。社長のひとつの決断が会社を成長させることもあるし、衰退させることもあります。そんな社長は会社でだけ仕事をしているわけではありません。自宅でも仕事をしています。自宅の電話で仕事の話をすることもありますが、自宅の電話料金は経費になるのでしょうか？　この場合も「通話明細サービス」などを利用して、仕事で使った分を明確にすることで経費にすることができます。

ただし、「**通信費手当**」という形で支給する場合には注意が必要です。社長は役員に該当しますが、役員の給与は原則「定額」です。「通信費手当」が月によって変動するような場合には、「定額」のルールを守れなくなるので、あらかじめ金額を決めて、役員給与に盛り込んでおくようにしましょう。

☑ 個人契約でも経費にできる

- 「通話明細サービス」を利用し、仕事用を明確にすれば「通信費」として経費になる
- 「通信費手当」などの名目で、毎月一定額支給する場合は「給与」となる

法人 個人

その他04

競馬の馬券を買いました

1 「はずれ馬券」は経費にならない？

「はずれ馬券」が経費になるのかならないのか、一時期話題になった裁判がありました。裁判では納税者の主張が一部認められ、「はずれ馬券」の購入代金も経費として認められるということになりました。これはギャンブルで使ったものも経費になるという解釈なのでしょうか？　会社で馬券を買ったとしたら……コレって経費になるのでしょうか？

「はずれ馬券」が経費になったのには理由がある

この「はずれ馬券」裁判は、「**はずれ馬券が経費として認められる**」という衝撃的な判決だっただけに、記憶に残っている人も多いのではないでしょうか。ただ、この「経費として認められる」という結果だけが、ひとり歩きしてしまっている感はあります。「ギャンブルに使っても経費になるんだ！」という間違った理解をしてしまっている人もいるかもしれませんが、「はずれ馬券」が経費として認められたのは、認められるだけの理由があったからです。

2 「事業」なのか「娯楽」なのか？

ご存知のとおり、競馬は、騎手が乗った馬による競争競技であるとともに、その着順を予想する娯楽でもあります。競馬新聞や過去のデータなどをもとに、着順を予想して馬券を買い、予想があたれば払戻金を獲得できるというものですが、億単位の信じられないくらいの払戻金が出ることがたまにあります。

宝くじ同様、夢のある競馬ですが、一般的には個人の趣味や娯楽のひとつとして楽しむものです。この趣味や娯楽のひとつで競馬を楽しんでいる場合には、当然ながら仕事に関係ないので「はずれ馬券」が経費になることはありません。経費の考え方は、これまで何度も登場してきた「仕事で使ったもの」が条件なのです。「**はずれ馬券が経費になった事例では、競馬で利益を得ることが仕事として認められた**」ということなのです。ちなみに、この場合の「はずれ馬券」についてですが、売上（払戻金）との対応関係があるので、「**売上原価**」として経費になります。

3 仕事として認められるには、客観的な証拠が必要

では、どうすれば仕事といえるのでしょうか。「仕事で競馬をやってます」と言ったもん勝ちではもちろんありません。裁判の例では次のような内容でした。

「パソコンやスマートフォンから馬券を買えるシステムを利用し、ほぼすべてのレースで馬券を購入していた。インターネットを活用して競馬情報を入手し、その情報をもとに、競馬の予想ソフトウェアも利用しながら、的中率ではなく、回収率を重視していた。つまり的中させるという娯楽ではなく、あくまでリターンを重視した競馬であり、外国為替で利益をあげるＦＸ取引や、株式や原油などの先物取引と同じものと考えられる」

ということで、仕事として認められるかどうかは、「**取引履歴や取引金額など、客観的な証拠が必要**」ということです。「仕事で競馬をやってます！」だけでは認められないのでご注意を！

はずれ馬券のポイント

- 「はずれ馬券」が裁判で認められたといっても、すべての人が認められるわけではない
- 経費は「仕事で使う」が絶対条件。娯楽として認知されているものは客観的証拠が必要

法人
個人

その他 05

近くの神社に初詣に行きましたふるさと納税もやっています

1 参拝にかかったお金は経費にならない？

毎年、新年の初出勤日に、従業員全員で近くの神社に初詣に行っています。参拝にあたり初穂料を会社で支払っていますが、コレって経費になるのでしょうか？

! 社内行事のひとつであれば、経費になる

新しい年を迎えると、ただそれだけで「今日からがんばるぞっ！」と思えるから不思議なものです。生まれ変わった気分でやる気に満ちている感じがします。

そんな新年の幕開けは、会社にとっても重要です。「みんなで一緒にがんばっていこう！」と、いいスタートを切ることができるかできないか、これこそその年の業績を左右するといっても過

言ではありません。新しい1年のいいスタートを切るきっかけのひとつとしてあるのが「初詣」です。今年1年の商売繁盛や健康祈願、安全祈願などを神聖な神社で行うことで気が引き締まり、前向きな気持ちになりますよね。ということで、仕事にもいい影響を与えるであろう「初詣」が社内行事のひとつとして行われた場合には、その参拝に際してかかるお金、たとえば「**初穂料などは経費**」にすることができます。

2 誰が参加したかによって経費の種類は変わる

参拝に際しての「**初穂料は〝寄附金〟**」として経費にするというのが一般的な考え方です。しかしながら金額的にそれほど高額ではないこと、年に1回であることから、社内行事のひとつとして、「**従業員全員参加で行われた場合においては、初穂料も含めて参拝にかかった費用を〝福利厚生費〟**」としても差し支えないでしょう。これに対して、「**一部の従業員のみで行われた場合であれば、初穂料は〝寄附金〟**」として、それ以外の交通費などの費用があれば、「**接待交際費**」として経費にするようにしましょう。なお、法人が支払う寄附金については、接待交際費と同じく、一部経費にならないという損金不算入制度 **会議費 03** （58頁参照）があります。ただし多額の寄附をしなければ、あまり影響がありません。

⚠ ふるさと納税は税金？ 寄附金？

返礼品がもらえることで話題となっている「**ふるさと納税**」ですが、法人でも行うことができます。法人が「ふるさと納税」を行った場合には、下表の「**〝国や地方自治体などへの寄附金〟となるため、支払った全額が〝寄附金〟**」として経費になります。個人と違うのは税額控除ではないという点です。個人の場合、住民税が税額控除となって直接税額が減りますが、法人の場合、経費になって税金の課税対象が減るだけなので、個人に比べると節税メリットは小さくなります。

そこで、新たに「**企業版ふるさと納税**」が創設され、法人でも税額控除ができるようになるので今後注目ですね。

3 お祭りの協賛金はどうなる？

「会社」は「社会」のもの。いい商品やサービスを提供して、

☑ 法人：寄附金の損金算入限度額の例

寄附金の種類 （どこに支払ったか？）	損金算入限度額 （この金額まで経費として認められる）
国や地方自治体などへの寄附金	支払った全額が経費になる。
一般の寄附金（政党、町内会や神社への寄附金など）	｛（Ⓐ × 0.25%）＋（Ⓑ ＋ 支払った寄附金）× 2.5%｝× 1/4
特定公益増進法人等に対する寄附金（日本赤十字社や自動車安全運転センターへの寄附金）	｛（Ⓐ × 0.375%）＋（Ⓑ × 6.25%）｝× 1/2

Ⓐ：期末資本金等の額 × $\frac{\text{当期の月数}}{12}$

Ⓑ：所得金額（税金計算上の利益のこと）

※ 表中のパーセンテージなどは、税制改正により変更になる可能性があります。

利益を追求するのはもちろんですが、やはりそれだけではいけません。地域社会への貢献も「会社」のひとつの役割なのです。地域社会に貢献する、そういわれると何だか大きなことをやらなければいけない感じがしますが、そんなことはありません。

たとえば、近くの神社で行われるお祭りや花火大会などに協賛金を出すというのも立派な貢献のひとつといえます。この「**協賛金については原則〝寄附金〟**」として経費になりますが、ちょっとややこしいことがあります。みなさん、お祭りで企業名が入った提灯とか、のぼりを見たことがありませんか？ 花火が上がったあと「ただいまの花火は○○株式会社様の協賛によるものでした」など、夢の花火から突然現実に戻されてしまうアナウンスを聞いたことがありませんか？

そうなんです。協賛金という名の「広告宣伝費」も世の中には存在するのです。広告が目的の協賛金であれば、「寄附金」ではなく、「**広告宣伝費**」として経費になる場合もあるので、協賛金の実態をしっかりと把握するようにしましょう。

☑ 初穂料・寄附金など、見返りがないものも経費になる

- **初穂料は原則「寄附金」しかし、従業員全員参加の初詣であれば「福利厚生費」となる**
- **一部の従業員参加であれば、初穂料は「寄附金」その他の経費は「接待交際費」になる**

法人 個人

その他 06

交通違反をしてしまいました

1 業務中の交通反則金は経費にならない？

外回りの営業で、車の運転中にお得意さまから電話がかかってきたりすると、いけないとわかっていながらも電話に出てしまうことがあります。話しながら運転をしていれば、事故の可能性は当然高まり危ないのはもちろんですが、場合によっては反則切符を切られることもあります。もし、仕事中の交通違反で反則金を支払った場合、コレって経費になるのでしょうか？

⚠ 交通反則金は経費にならない

駐車違反に酒酔い運転、運転中の携帯電話など、「自分だけは事故を起こさない」という根拠のない自信からか、ついやってしまう人が多いようです。しかしながら、事故を起こさない保証はどこにもありません。ひとたび事故を起こしてしまえば、被害者だけでなく、家族や会社、一緒に働いている従業員など、多くの人の人生を変えてしまうことさえあります。やはり、安全運転で事故を起こさない、もらい事故に巻き込まれないよう、細心の注意を払うのが1番です。

仮に、白バイに停められて反則切符を切られたとしたなら、事故を起こさずにすんだ、ある意味ラッキーだったと、前向きに捉えましょう。ただし、「**交通反則金は残念ながら経費になりません**」。

2 社内規程があれば経費にできる

経費として認められない交通反則金ですが、経費精算できるかどうかは別問題です。これは、各会社の社内規程によります。「**〝業務中の交通反則金に関しては会社が負担する〟という社内規程があれば、経費精算することができる**」のです。1度社内規程を確認してみましょう。この場合、会社が負担した交通反則金については「**租税公課**」として会計処理を行います。この「租税公課」は、国や地方公共団体に支払う税金や罰金などを記録するときに使う名前なのですが、実は経費のひとつなのです。

交通反則金は経費として認められないいんじゃないの？

そうです。ここはちょっと難しいところなのですが、「**経費として認められないというのは、あくまで〝税金計算上の話〟**」なんです。**会議費03**で出てきた「**損金不算入**」です。経費として処理するけれど、経費として認められない。つまり、「**節税効果は得られない**」のです。

今回の交通反則金も、会計処理上は「**租税公課として経費にしますが、税金計算上は経費にならない**」ので、経費から除くことになるのです。

おさらいですが、「経費」と「損金」は違うものでした。

「**〝経費〟は必要経費**」のことで、売上をあげるために必要なものでした。交通反則金は「業務遂行上、やむを得ず違反してしまう」こともあるので、「経費」にすることはできます。

しかし「損金」は違います。「**〝損金〟は税金計算上の経費**」ですが、そもそも税金は「課税の公平」が前提条件としてあります。みんな平等に課税するという考え方からすれば、「**〝交通違反をすれば、税金が安くなる〟というのは、やはりちょっと違う**」のです。つまり、「**〝必要経費〟という点では〝租税公課〟として経費になりますが、税金計算上の〝課税の公平〟という点からすれば経費としては認められないということです。交通反則金は会社が負担できますが、税金の**

人件費
教育研修費
消耗品費
その他
事業主関連

計算からはその分を取り消さなければならない」のです。

3 業務中以外の交通反則金を会社が負担したら「給与」

今回のケースは、「外回りの営業」という業務中の交通反則金でしたが、業務中以外での交通反則金を会社が負担した場合にはどうなるのでしょうか？

この場合は、もちろん会社が負担する必要はないですよね。負担する必要がないものを負担したということは、「**単純にお金をあげたことと同じ**」なので、「**給与**」となり、源泉徴収の対象となります。注意が必要なのは、「役員」だった場合です。人件費01でも触れましたが、役員の給与は原則1年間定額です。交通反則金を負担した分は、この定額をオーバーした「**臨時的な給与**」となり、経費として認められないのです。つまり、「**源泉徴収も必要**」かつ「**経費にもならない**」というダブルパンチになります。

☑ **交通反則金は税金計算上は経費にならない**

- **交通反則金は経費として認められない。でも、社内規程により経費精算はしてもいい**
- **業務中以外の交通反則金を負担した場合は「給与」。ただし、役員分は経費にならない**

法人 個人

その他07 税理士でない人に確定申告報酬を支払いました

1 友人に確定申告をお願いした謝礼は経費にならない？

経理をやっている知人や会計に詳しい知人に、確定申告をお願いすることがあります。税理士資格を持っていなくても、確定申告の知識があったり、慣れていれば、できてしまいます。コレって経費になるのでしょうか？

⚠ 経費にはなるけど、税理士法違反になる

最近は、会計処理をするための会計ソフトも安価で使いやすくなりました。また税務申告をするためのソフトも、会計ソフトに比べればまだまだ高いですが、それでも手の届かないものではなくなりました。つまり、会計の知識や税金の知識があれば、確定申告書は誰でもつくれてしま

う時代になったのです。しかしながら、「**確定申告書の作成や税務に関するアドバイスは税理士の独占業務となっていて、税理士資格がない人がやると、税理士法違反**」となります。

「医師」を考えてみるとわかりやすいかもしれません。いくら医学的知識や経験が豊富でも、医師免許を持たない人が医療行為を行ったら罰せられますよね。それと同じです。天才無免許医師「ブラックジャック」みたいな人がいたら、頼みたくなってしまうのはよくわかるのですが、税理士法違反になってしまうので気をつけましょう。ただし、「**支払った報酬は〝支払報酬〟や〝支払手数料〟といった経費**」になります。税理士法違反になることと、経費性の問題は別問題です。

ちなみに、「**無報酬でも税理士法違反になる**」のは変わりません。

2 「税理士法違反だけど、経費になる？」ってどういうこと？

「税理士法違反だけど、経費になる？」わかるような、わからないような話ですよね。そこで、今もなくならない「振り込め詐欺」について考えてみましょう。「振り込め詐欺」の加害者は、被害者を騙して不当に収入を得ていますよね。当然、法律に違反しています。では法律違反している、つまり法律上認められていない収入だから確定申告しなくてもいいのか？　という問題になるのです。もし申告しなくてもいいとなってしまったら、ますます犯罪が増えると思いませんか？　違法行為によって得た収入も確定申告をしなければならないのです。つまり「違法であるから経費にならない」とはならず、あくまで、その経費性で判断されるということです。

3 税理士法に違反しないやり方

税理士法に違反しないためには、もちろん税理士に依頼することです。「そんなのはわかってる！　税理士に頼む余裕がないから友人に頼んでるんだよ！」といった声が聞こえてきそうですね。そこで、その友人には、あくまで会計ソフトに入力するという記帳代行作業だけお願いする。つまり、請求書や領収書などを渡して、会計処理だけをしてもらうのです。「**単純な記帳代行作業であれば、税理士でなくても行うことができます**」。そして、その記帳代行の結果をもとに、税理士に確定申告作業のみを依頼するか、税務署に直接出向いて、税務署の職員に聞きながら確定申告を行うというのもありです。「**自分で自分の申告をすることは、何の問題もありません**」。

税理士以外への確定申告報酬のポイント

- **経費にはなるが、税理士法違反になる可能性がある**
- **確定申告のみ、相談相手、参謀役など、会社の成長にあわせて税理士をうまく使う**

法人 個人

その他08 いろいろなお店で食べ歩きをしています

1 和食のお店を経営していたら、イタリアンレストランは経費にならない？

和食店を経営しているからといって、料理の研究対象が和食だけということはありません。フレンチやイタリアンからアイデアをもらうこともあります。和食以外のお店にも食べに行って、いろいろと研究することがありますが、コレって経費になるのでしょうか？

研究費として経費になる

自分とは違う分野だからといって、まったく参考にならないということはありません。かえって違う分野だからこそ、今まで気がつかなかったサービスに気づくことができたり、新しい商品のアイデアにつながったりすることがあります。単なる食事ではなく、研究費としての食事であれば、「**研究開発費**」や「**教育研修費**」といった項目で経費にすることができます。

2 レポートなどで証拠を残す

ただし、単なる食事と勘違いされないためにも、研究の証拠を残すことは必須です。「**レポートという形で残すのが理想ですが、そのお店のパンフレットやメニューをもらってきて、そこに気づいたことや参考になった点をメモする**」など、簡単な形でも差し支えありません。何らかの形で、単なる食事ではない証拠を残しておきましょう。

3 SNSで情報発信をしているだけでは経費にならない？

Facebookや**Twitter**など、SNSをやる人が増えています。友だちやフォロワーが多いことや、「いいね！」などのリアクションが多いことがひとつのステータスになっているようです。SNSで情報発信したことが実際の仕事につながることもあり、使い方によってはビジネスツールとしても大いに力を発揮しています。

そんなSNSの背景もあることから、個人的な趣味ではなく、あくまで仕事のひとつとしてSNSをやっているという人も多いと思います。自身のビジネスについて語ったり、役立つ情報をつぶやいたり、ときには家族のことや趣味のことを語ったりすることで、自身の人となりを知ってもらうなど、見ているであろうお客さまや見込み客を意識した投稿も多く見かけます。中でもよく見かけるのは、「食事」の投稿です。なかなか予約が取れないレストランでの食事や、珍しい食べ物、高級ワインなどの写真をアップしたりして、注目を集める方法も盛んです。こういった食事代は経費として認められるのでしょうか？　確かにいろいろなお店で食べ歩きをすることで、自身の行動力や人脈をアピールするという面はあると思います。しかしながら、「**ただのSNS投稿用の食事であれば、その食事代は経費にならない**」と考えましょう。自身のビジネスが食関連であるなど、よほど直接的な関係がないかぎり、経費にするのは難しいと考えましょう。

☑「食べ歩き」の目的が大切

- **研究費としての食べ歩きであれば、経費として認められる。ただし、証拠を残すこと**
- **SNS投稿用の、ただの食事であれば、それは個人負担となる**

法人
個人

その他 09

政治家のパーティー券を購入しました

1 政治家のパーティー券は経費にならない？

お付きあいで、知りあいやそのまた先の知りあいから、政治家のパーティー券の購入をお願いされることがあります。どんなものか経験のために参加して多少なりとも楽しんでこれたならまだいいのですが、ちょっと敷居が高くて、実際には参加すらしないこともあります。コレって経費になるのでしょうか？

原則は「寄附金」として経費になる

自身の属する業界のために動いてくれることを期待して、政治家のパーティー券を購入することがあります。こういった政治家のパーティーは、パーティーが目的というよりも政治資金を集めることを目的としているため、「**原則は〝寄附金〟としての経費**」になります。ただし、「寄附金」は、経費として認められる金額に制限があるので気をつけましょう（**その他05** 235頁参照）。

2 「接待交際費」になる場合もある

原則は「寄附金」となる政治家のパーティーですが、「接待交際費」に該当する場合もあります。それは、実際にパーティーに参加した場合です。「**事業活動を円滑に行うためにパーティーに参加して、参加者との懇親を深めるような場合には〝接待交際費〟**」として経費になります。ただし、基本的に政治家のパーティー券は高額で目立ちます。税務調査でも目をつけられやすいので、参加したことを証明できるように、写真などの記録を残しておきましょう。

このように、「**政治家のパーティー券は買っただけなら〝寄附金〟**」となり、「**実際に参加して懇親を深めた場合には〝接待交際費〟**」となるので、内訳をきちんと把握しておいてください。

3 購入したパーティー券を取引先に配った場合には？

自身の属する業界のために動いてくれる政治家の活動範囲を少しでも広げるために、購入したパーティー券を取引先に配るという場合もあります。この場合は「**接待交際費**」として経費になります。

　また、注意したいのは、その政治家との関係です。たとえば、その政治家が親戚であるとか、同級生であるとか、「**自身の業務や業界とまったく関係ない場合には、そもそも経費として認められません**」。あくまで個人的な付きあいとなるため、もし会社で負担した場合には「**給与**」として課税されますが、通常はパーティー券を買うのは役員であることが考えられます。役員の給与は1年間定額が原則となるので、パーティー券の負担分は定額の範囲外となり、経費として認められなくなってしまいます。その政治家との関係にも気をつけて、パーティー券の購入をしましょう。

政治家のパーティー券購入のポイント

- 原則として、政治資金を集めることが目的であるため「寄附金」となる
- ただし、パーティーに実際に参加して、懇親を深めた場合には「接待交際費」となる

「税務署が持つ伝家の宝刀！」って何だ？

スポーツで強いチームって、どんなチームなのでしょうか？

「攻撃力がある」「チームワークがいい」「監督がいい」「戦術がすばらしい」などなど、いろいろな意見があると思います。

この意見は、「強い」の定義によっても変わってきますね。

「強い＝勝つ」という定義もあれば、「強い＝負けない」というのもあります。

私が思う強いチームは「負けないチーム」です。

つまり、「守備力が高いチーム」ということになります。

「点数を取られなければ負けない、最悪でも引き分け」です。

実は、この考え方が、「経費」を考えるうえでも、とても大切です。

特に、ここで取り上げる、「役員（個人事業主）関連」は、誤解を恐れずに言えば、やりたい放題です。自分のことを自分で決めるのだから、どうにでもできます。税務署も当然そのことはよくわかっていて、役員や個人事業主に関することは疑いの目で見てくるのです。

もし疑われたなら……

「“経済合理性があること”つまり“税金を逃れることが目的ではないこと”を、きちんと証明できなければならない」のです。

その証明ができなければ、たとえ実際に経済合理性があったとしても、認められない可能性が出てきます。それが、「税務署の持つ伝家の宝刀“行為計算否認”」です。

主に、身内だけで経営しているような同族会社に適用されますが、税務署がこの刀を振ってきた場合には、有無を言わさず直さなければならないのです。コワいですね。したがって、経済合理性に則って活動することはもちろん、それをきちんと証明できることが大切です。つまりは「“守備力”守りを固めることが“経費”にとっては重要」なのです。

これは、すべての「経費」にいえることですが、特に「役員（個人事業主）関連」は気をつけましょう。

最後にもうひとつ、「書類さえそろっていれば何でも大丈夫」と勘違いしないように！　あくまで「経済合理性」あってのことです。書類だけそろっていても、刀を受け止める盾にはなりません。自らの身を守るためにも、税務署に対抗できる盾をつくっておきましょう。

法人
個人

事業主関連
01

取引先を招待して結婚式を挙げました
取引先の結婚式に招待されました

1 結婚式の費用は経費にならない？

仕事上のお付きあいが多いと、結婚式に取引先を招待することが多々あります。もし、学生時代の友人があまりいなければ、ほとんどが仕事関係になってしまってもおかしくありません。結婚式自体、仕事上のお付きあいみたいなものです。コレって経費になるのでしょうか？

結婚式はあくまで個人的な費用。経費にはならない

結婚式って2種類ありますよね。ひとつは出席者のほとんどが友人で、内輪で盛り上がるタイプのもの。もうひとつは関係者にお披露目することが目的で、出席者のほとんどが仕事関係者のタイプのもの。後者は2代目経営者の場合に多く見られ、仕事の要素が強いので経費にしたいところですが、結婚式はあくまで個人的なものなので、経費にするのはほぼ無理です。

2 結婚式が経費でできる！

それでも経費になる場合があります。それは、結婚式をビジネスにしている場合です。どういう場合かというと、最近はあまり見かけませんが、ひと昔前は、芸能人の結婚式・披露宴のテレビ放送がよくありました。ケーキの高さや出席者の顔ぶれが話題になり、何億円もかけた豪華な結婚式は視聴率も高く、言葉を選ばずに言えば、ひとつのビジネスになっていました。こういう場合は売上（＝出演料）が発生しているので、売上に対応する経費として、認められることになりますが、なかなか該当する人はいないですよね。

3 結婚式のご祝儀は経費にならない？

逆に、結婚式に招待されることがありますね。その場合、手ぶらというわけにはいかないので、必ずご祝儀を持っていきます。ここで支払ったご祝儀は、経費になるのでしょうか？

まず、**「会社が自社の従業員の結婚に際してご祝儀を支払った場合には〝福利厚生費〟」**として経費になります。ただし、「慶弔見舞金規程」をつくり、支払う金額は地域相場を意識したものでなければなりません。「**あまりに高すぎるご祝儀は〝給与〟**」となり、源泉徴収の対象となる場合もあります。

問題は、取引先関係者の結婚式に招待された場合です。招待されるのは「会社」ではなく、「個人」として招待されることがほとんどだと思います。「個人として招待されたのだから、会社の経費にはできない。身銭を切る」という考え方もあります。しかし、事業規模が大きくなり、取引先関係者が増えれば、その分、結婚式に招待される件数も増えていきます。月に数件……、なんてこともあり得ます。これらすべてに身銭を切るのは、正直ツラいところがありますよね。そこで社内規程をつくり、取引先関係者に招待された場合のご祝儀については、会社負担額を決めて会社で支給するということも考えてみてはいかがでしょうか。招待されたのは「個人」ですが、「会社を代表して出席する」という考え方もできますよね。「**会社が負担したご祝儀は〝接待交際費〟**」として経費になりますが、招待状を残しておくことを忘れずに。

☑結婚式の費用は原則として経費にならない

◉結婚式を挙げる費用は、あくまで個人的な費用。会社の経費にはならない
◉自社従業員へのご祝儀は「福利厚生費」、取引先などへのご祝儀は「接待交際費」になる

法人｜個人

事業主関連 02

会社に着ていくスーツを買いました

1 仕事用とはいえ、スーツは経費にならない？

人間は見た目ではない！ それはわかってはいますが、やはり初対面の印象は大切です。営業職であったり、会社を代表しているなど、身なりをちゃんとしていないといけない立場の人は、スーツ代もそれなりにかかります。サラリーマンの人は、それなりのスーツを会社から支給してもらうという方法もあります。コレって経費になるのでしょうか？

⚠ 会社から「給与」をもらっている人と、個人事業主で異なる

サラリーマンの人は、基本、会社から「給与」をもらっています。「〝給与〟をもらっているということは、自動的に必要経費の計算がされている」ことになります。この自動的に計算される

必要経費のことを「**給与所得控除**」といいます。「給与所得控除」は給与収入に応じて計算され、税金の計算対象から控除されます。つまり、その分、個人の税金が安くなっているのです。結論としては、会社から「給与」をもらっているのであれば、仕事上の必要経費が「給与所得控除」としてすでに控除されているので、「**スーツ代を会社の経費にすることはできません**」。

これに対して、個人事業主の場合は自分が自分に「給与」を支払うことができません。したがって「給与所得控除」がないので、「**スーツ代を経費にすることができる**」のです。

また、通常勤務用ではなく講演会用など、「**衣装としてのスーツ代であれば、法人、個人事業主問わず、経費にすることができます**」。

2 給与所得控除の計算方法は？

「給与所得控除」は、税制改正により変更があるもののひとつです。たとえば、年収３６０万円だった場合の計算（令和３年分）は次のようになります。

360万円 × 30% ＋ 8万円 ＝ 116万円

年収360万円であれば、116万円分の必要経費が自動的に計算されているのです。月にして9万6666円、スーツ代や書籍、文房具など、仕事上使うであろう必要経費をあらかじめ認めてくれているのです。ポイントは「**使うであろう金額**」という点ですね。実際には使っていなくても、必要経費として認めてくれているのです。

個人事業主が会社にする、いわゆる「法人化」を行うひとつの理由が、この「給与所得控除」です。法人化することで、会社と個人は別人格になるので、たとえ「ひとり会社」であっても、自分が自分に「給与」を支払うことができるのです。

3 さらに特定支出控除も!

スーツ代は、**消耗品費 02** でも触れましたが、「**特定支出控除**」が適用できます。確定申告が必要となりますが、スーツを新調した場合には、「特定支出控除」も検討してみましょう。

☑ 給与をもらっているか、いないかで変わる

- 「給与」を支給している人に対するスーツ代は会社の経費にならない
- 個人事業主は「給与所得控除」がないので、スーツ代は経費にできる

法人
個人

事業主関連
03

ビジネスホテルでホテル住まい、そしてラブホテルを利用しました

役員

1 社宅の代わりのホテル住まいは経費にならない？

打ちあわせや接待で来客が多かったりすると、社宅を借りるよりも、ホテルの1室を借りておいたほうがいろいろと便利な場合があります。住んでいるところがホテルというだけで社宅は社宅なので、適正額の家賃を負担していますが、コレって経費になるのでしょうか？

原則としてホテルは社宅にならない

残念ながらホテルは社宅扱いにはなりません。なぜなら、「**ホテルへの支払いは〝不動産の賃貸料〟ではなく〝サービス料〟になる**」からです。「**役員が適正額を負担したとしても〝福利厚生費〟にはなりません**」。会社が負担した分は、「**給与**」として課税されることになります。

人件費
教育研修費
消耗品費
その他
事業主関連

2 ビジネスホテルなら、経費になる可能性はあるかも

ホテルはホテルでもビジネスホテルだったら、社宅の検討の余地があります。ビジネスホテルの中には、**「月極プラン」**といった長期滞在を前提としたものもあります。ホテルらしいサービスは特になく、寝泊まりするだけのような場合は、居住用のマンションを借りたときと比べても大差がないといえます。価格も安価なものもあり、マンションを借りるよりも経済的であるならば、社宅としても差し支えないでしょう。

ホテルだからといって必ずしも認められないというわけではないので、実態で考えるようにしましょう。この場合は、**「ホテル利用料の50％以上をその役員が負担すれば〝福利厚生費〟」**として経費にすることができます。ただし、通常の社宅を借りているほかの役員とのバランスは考えなければいけません。ほかの役員と比べて、経済的利益を得ている、つまり得していると認められる場合には、**「ほかの役員の負担額とあわせる」**ようにしましょう。

3 ラブホテルの領収書が出てきました

ちょっと話はそれますが、ラブホテルの領収書は経費にできるのでしょうか？

これは、もちろん利用目的によりますよね。たとえば、急な出張が決まってホテルを予約せずに飛び出してしまい、案の定ホテルが見つからずしかたなくラブホテルに泊まったとか、雑誌のライターがラブホテルの記事を書くために利用したとか。特殊な例としては、探偵業で尾行のためとか、内装業をしていて研究のためといったものなら、どれも経費性があるので経費になります。ラブホテルだからといって、すべてが経費にならないわけではありません。「**経費にならないのは、ラブホテルを本来の目的で利用した場合**」ですね。私も仕事柄ラブホテルの領収書が出てきたら利用目的を聞きますが、1度聞いたら、さすがにそれ以上の詮索はいたしません……。

ただ、接待交際費04（73頁参照）の風俗の領収書と同じように、パッと見ではラブホテルの領収書とはわからない場合が多いです。税務調査のときに見つかったら最悪なので、「会社名」だけが記載されているような、何に使ったかわからない領収書は、後々困らないように、何のために誰と利用したか裏書きしておきましょう。

☑ ホテル利用のポイント

- 接待や打ちあわせができるような、それなりに豪華なホテルは社宅扱いにならない
- ホテルらしいサービスがなく、寝泊まりだけのビジネスホテルであれば、社宅にできる

法人
個人

事業主関連
04

役員退職金を支払いました

1 社長の貢献度を考慮しても破格の退職金は経費にならない？

創業者の社長が引退して、2代目の息子が社長に昇格したり、事業を継いだりすることがあります。創業者の社長の引退に際して、1代で会社を創り上げた貢献度を考慮して、破格の退職金を支払うことがあります。コレって経費になるのでしょうか？

本当に退職したの？

まず「退職」の定義が難しいのが役員です。スッパリと引退して会社に出社しなければ、退職したことが明らかなのですが、そうでもないことのほうが多いです。たとえば、「社長は引退したけれど会長として残る」というのがよくある話です。こういうケースって、本当に退職したの？　って疑問が出ても不思議ではないですよね。役員退職金は多額になる傾向にあります。「退職したことにして、経費を増やそう」なんて考える人もいます。

この話をすると、必ずこんな質問が出てきます。「会長として残るなら、そもそも退職していないのでは？」そうですよね、そう思いますよね。これはいわゆる「**分掌変更**《ぶんしょうへんこう》」としての退職扱いになります。**「役割が変わったことにより、地位や職務の内容が激変して実質的に退職をしたのと同じであると認められる場合には、退職したものとして退職金を支払うことができる」**のです。ただし、これも判断が難しいですよね。そこで一応の例示がされています。

❶常勤役員が非常勤役員になったこと
❷取締役が監査役になったこと
❸分掌変更後の役員給与が、おおむね50%以上減少したこと

右記に該当したとしても、代表権があったり、一定の株式を所有していたりする場合には退職したものとはみなされません。「一定の株式」も明確な基準がなく、35％を所有していても退職と認められた例もあり、ケースバイケースといわざるを得ません。退職自体が否認された場合には、支払った「**役員退職金**」は経費になりません。何千万円が、一気に経費から税金の課税対象に変わってしまう場合もあるので、「**役員に退職金を支払う場合には、退職の事実をしっかりと確認する**」必要があるのです。

2 では、いくらまでなら経費になるのか？

退職の事実をきちんと確認できました。次に考えるのは、いくらまでなら支払っていいのか？これも実に難しい問題です。一応の目安は次のとおりとなっています。

役員退職金 ＝ 退職時の報酬月額 × 役員としての勤続年数 × 功績倍率

この目安が実にあてにならないんです……。まず、退職時の報酬月額。これが高いといわれたらダメ、次に功績倍率。これも高いといわれたらダメという、ツッコミどころ満載の目安なのです。だからといって、何の基準もなしに支払うわけにはいかないので、この基準にあてはめて考えるしかないのですが、ひとつ確実にいえることは、金額の根拠を持つということです。

「これこれ、こういう理由で決めました」とハッキリ言えるのか言えないのか、これが重要なのです。ちなみに、「**功績倍率とは、会社に対する貢献度を表したものですが、3倍程度なら大丈夫**」というのがあります。しかしこれも確実ではありません。税務署は同業他社との比較を重視する傾向にあります。同業他社の役員報酬や賞与、退職金の支払状況を調査した書籍などもあるので、同業他社の状況と比較して功績倍率を考えてみるのもひとつの根拠といえます。

また役員退職金は、原則として役員退職金を支払うことを株主総会で決議した日の属する事業年度に経費にすることができますが、実際に支払った日でも経費にすることが認められています。

注意点は分割して支給するときです。この場合も実際に支払った日に経費にできるわけですが、「分掌変更による退職金」の場合は、ただ単純に分割支給しただけでは経費として認められないことがあるので気をつけてください。「退職金の総額」と「分割支給の終期（たとえば3年以内など）」があらかじめ定められていないといけません。役員退職金は多額になる傾向にあり、経費のインパクトが強いものです。顧問税理士に相談のうえ、慎重に決定するようにしましょう。

☑ インパクトの強い役員退職金は慎重に

- ◉ 役員退職金は、とても難しい。まずは「退職の事実」をしっかりと把握すること
- ◉ いくらにしてどのように支払うかは、必ず顧問税理士に相談のうえ決めること

ダンゼン得《とく》する　知《し》りたいことがパッとわかる

経費《けいひ》になる領収書《りょうしゅうしょ》ならない領収書《りょうしゅうしょ》がよくわかる本《ほん》

2016年4月30日　初版第1刷発行
2021年11月30日　初版第8刷発行

著　者　村田栄樹
発行人　柳澤淳一
編集人　久保田賢二
発行所　株式会社　ソーテック社
〒102-0072 東京都千代田区飯田橋4-9-5　スギタビル4F
電話：注文専用 03-3262-5320
FAX：　03-3262-5326
印刷所　図書印刷株式会社

ISBN978-4-8007-2037-5